LOCUS

LOCUS

LOCUS

LOCUS

Smile, please

smile 105
失業不是壞事
作者：里・克拉維茲Lee Kravitz
譯者：鍾玉玨
責任編輯：林雲　美術編輯：何萍萍
校對：呂佳真
法律顧問：全理法律事務所董安丹律師
出版者：大塊文化出版股份有限公司
台北市10550南京東路四段25號11樓
www.locuspublishing.com 讀者服務專線：0800-006689
TEL：(02) 87123898　FAX：(02) 87123897
郵撥帳號：18955675　戶名：大塊文化出版股份有限公司

總經銷：大和書報圖書股份有限公司
地址：新北市新莊區區五工五路2號
TEL：(02) 89902588（代表號）　FAX：(02) 22901658
排版：辰皓國際出版製作有限公司　製版：瑞豐實業股份有限公司
初版一刷：2012年5月

定價：新台幣 280元
Printed in Taiwan

Unfinished Business

失業不是壞事

這是人生最美好的一堂課

Lee Kravitz 著
鍾玉玨 譯

獻給雙親哈利與菲莉絲
也獻給愛妻伊莉莎白

目錄

各界佳評

里．克拉維茲這本回憶錄完全契合這個時代的需求。《失業不是壞事》提供的微細洞見讓讀者叫絕；慈悲與溫情讓讀者感動；鼓勵讀者以實際行動關心周遭親友。

《走過聖經》、《女兒的六個爸爸》作者大衛．法勒

克拉維茲字裡行間真情流露，真摯感人。他的經驗也是一般大眾的經驗，易讓讀者產生共鳴，著手檢視並反省自己人生未竟的功課。

《華盛頓郵報》

真情流露、文筆優美、感人至深的個人回憶錄。作者花了一年，重新撿拾他丟棄的人生片段，結果找到更好的自己。克拉維茲這本書彷彿一封寫給人生的情書，充滿得意與勝利。

《笑著長大》、《逆轉結局的靈感》作者瑪蘿．湯馬斯

《失業不是壞事》內容豐富、充滿睿智、影響力十足，提醒我們必須用心於真正重要的事物。里．克拉維茲誠實勇敢地檢視自己人生未竟的功課，呼籲大家活出最好的自我。這本書出版得正是時候，是勵志佳作。

「故事工坊」創辦人戴夫．伊塞

克拉維茲謙遜不愛出鋒頭，有自知之明。踏上旅途後，他找到失聯已久的姑姑，她罹患精神分裂症，家人多年來對她不理不睬。他原諒中學老愛欺負他的惡霸，履行很久以前對非洲一名貧童的承諾。原本可能是自鳴得意、迪士尼式的探索過程，最後昇華為真心誠意的善舉，一改之前的冷感，變得更敏感更柔軟。

《時代雜誌》

克拉維茲的旅程真實不做作、大方慷慨、極具價值。透過親身經驗，他找到人生的意義，學會接受生命的荒謬與不合情理，體認到眼明心亮與明察秋毫說穿了取決於態度，他積極穿針引線，織出了完整的人生。

《柯克斯書評》（*Kirkus Reviews*）

里・克拉維茲被迫辭去《大觀》雜誌總編輯一職後，決定花一年的時間，重新連結因忙於工作、無心經營而四分五裂的關係。他主動出擊，問候久未聯絡的親人、朋友、恩師，握牢他們的雙手，深入了解他們的心情。他的勇氣與主動，不僅打動人心，也發揮潛移默化的激勵作用。

《邦諾書評》

每個人都嫌時間不夠，不過哪天若我們真的有空，不知會怎樣？里・克拉維茲利用失業這段時間，完成他該做而沒做的一些「人生功課」，結果化遺憾為豐收，值得每個人借鏡學習。

《最後十四堂星期二的課》、《一點小信仰》作者米奇・艾爾邦

克拉維茲化失業危機為轉機，藉這機會重新檢視反省自己的人生。他將所學心得和大家分享：「用心於人生最重要的事項，並好好經營，收穫立竿見影，且受用一生。」

《克利夫蘭猶太新聞》

克拉維茲文筆細膩，探索自我的路途上，不吝表現敏感纖細的一面。

《出版人週刊》

本書不僅點出克拉維茲決定重新拴緊人生發條的前因後果、方式、時間，同時也呈現踏上圓滿人生之旅後，一路上發生的不凡插曲與突發事件。本書不僅勵志，也呈現積極肯定的人生觀。

《沒有母親的女兒》、《女兒的靈界朋友》作者荷波・艾德蔓

本書具有普遍性、包容性、愉悅性，彷若一股洗滌心靈的清流……怎麼處理人間的情與愛，探索答案的過程彷若攀爬阿爾卑斯山，困難重重。

100memoirs.com

失業原本可能導致沈淪墮落、悔不當初、缺乏自信，到頭來卻開啟了全新的人生觀……克

拉維茲流暢、動人的文筆，將內容刻畫得更出色。

《達拉斯晨報》

這本回憶錄勵志但不說教，提醒讀者什麼才是人生重要的課題……指導讀者如何展開探索，繼而找到答案。

《哈德遜谷新聞》

這本回憶錄類似報導文學，我喜歡……非常扣人心弦。

《大廚的誕生》作者邁可・魯曼

能引起共鳴與回響，尤其是我們這些一天到晚忙於工作與事業的人。

《共和報》（春田）

構成人生的要素——再想一次、再做一次、再活一次。

UrbanBaby.com

克拉維茲關於人生未竟功課的書寫，對大家有警世之效。

《基督教世紀》

令人耳目一新的另類人生遺願。

《讀者文摘》

序

里・克拉維茲熱愛工作，全然沈浸於其中。工作不僅代表他的身分地位，也彷若惡魔，不斷地吞噬他。跟其他身居高位的人沒兩樣，他的心思幾乎全被工作佔滿，即便他的人在家休息或在外度假，也念念不忘工作。

這些年來，里擔任《大觀》（*Parade*）雜誌的總編輯，我們兩人經常一起喝茶，討論平衡生活與事業有多困難。他坦言，他的父親也是工作狂，曾在他小時候，不斷地鞭策他，希望他能打入職棒大聯盟。可惜他高中因投球受傷，粉碎了父親的美夢。里怪罪父親逼得太緊，但也開始摸索自己的路。里告訴我：「我在十五歲重新找到了定位，決定當一名作家。」

在十八至五十歲的第一階段成人期（First Adulthood），一切發展大抵在預料之中。身為雄心勃勃的嬰兒潮世代，克拉維茲一路過關斬將，過程和其他人大同小異。在轉大人的巨變期（Pulling Up Roots），他是家裡的寶貝，也開始探索自我。在二十幾歲的勇於嘗試期（Tryout Twenties），他周遊世界，同時一邊投稿賺旅費。在水瓶世紀（Age of Aquarius），他和多數美國年輕人一樣，遲遲不肯長大，硬是把青春期延至三十歲才肯罷手。直到過了跌跌撞撞的三十歲，他才開始安頓下來。在三十三歲，他找到人生第一份正職，陸續擔任兩家大型出版公司的主編，第一個是學樂出版社（Scholastic），繼而是擁有《大觀》雜誌與康泰納斯出版集團（Condé Nast）的母公司。

接下來二十年，他過著工作即生活、生活即工作的日子。在三十九歲即將邁入中年之際，他意識到歲月催人老，再拖就來不及了。「千真萬確——得加快腳步成家立業。」於是他和事業心強的另一半開始同居，並決定立刻生兒育女，兩人花了一陣子順利生了對雙胞胎，過了數年，再添一子。他的妻子專心打拚作家經紀人事業，克拉維茲的表現也不俗，一路晉升到新聞雜誌總編輯的高位，每晚挑燈夜戰，連週末也不忘工作。在四十七歲，他被提名擔任《大觀》雜誌的總編輯，這時他意氣風發，具備眾人歆羨的一切成就：旗下作家濟濟、隨到隨有的高級餐廳專屬座位、坐擁英語世界最龐大的讀者群，加上執輿論牛耳的發聲平台，影響力不容小覷。

五十歲之後，我們的人生充滿不可預期的變數與意外——公共設施（世貿大樓）突然轟地一聲被炸毀；夫妻說離婚就離婚；父母或同輩突然過世；如日中天的事業突地戛然而止，完全停擺。這天，無情的警鐘對著里．克拉維茲敲響。在《大觀》辦公室的走道上，有人攔下他，跟他說：「你不再是本雜誌的總編輯了。」他當時五十四歲。五十多歲失業，對任何人而言，都彷若早上五點鐘大響的鬧鈴，讓人措手不及。當時是二〇〇七年底，美國經濟瀕臨風暴邊緣，克拉維茲走投無路，毫無替代方案。

失業之後長達數週，他足不出戶。期間他發現，不僅妻子和三個小孩視他如陌生人，他也覺得自己無法跟自己對話。一個人若無法跟自己對話、交心（connected），一定無法和其他人相交，感受對他人付出的快樂。我們社會標榜功成名就，文化力主一切向錢看，讓高階主管無法過著事業與家庭兼顧的平衡生活。克拉維茲對我直來直往，毫不做作，一如他在本書從頭到尾的立場。這位曾以工作為重的工作狂道：「當你身居高位，儘管一再表示該多花些時間陪小孩，並空出一兩晚和老婆約會，但這些都只是說說而已，沒有一樣做到。你一天到晚鞭策自己以及下屬埋首工作。工作就是我的身分。工作就是我在俗世的角色。我看不清楚真正的自己。」

對某些人而言，這段充滿意外的過程可能讓人徹頭徹尾改變。第一步就是要學習愛自己。之前五十年的人生階段，克拉維茲只知道往前衝刺，希望爬上快樂與安全的巔峰，但到頭來，他發現自己顧此失彼，犧牲了人生一些最精華最有意義的東西。為什麼？因為沒時間。放任交情匪淺的情誼變淡變調。為什麼？沒時間。和「家道中落的家庭」關係緊緲。為什麼？沒用心修補。這下他才明白，唯有回頭才能繼續往前。打理「未竟的功課」說不定是重新發現自己的途徑。

「在五十四歲的高齡，我突然對父親感到憐惜。我的心就此開了。」他告訴我。「這真是人生一大轉變。看著一個曾經左右我價值觀的人，我腦袋突然開竅，發現『我愛他，但我不能改變他，我只能傾聽』。」我訪問過不少五十多歲的中年男子，其中不乏在回顧過去、找回遺失自我之際，不知不覺重新調整人生重心，捨棄追逐外在的功成名就，轉而聚焦於探索內我這個陌生領域。許多人忍不住想要表達他們創意十足的一面。他們急著想和其他人以及社區鄰里敞開心門，建立關係。他們的人生重心不再是自私自利的爭名奪利，而是一種大愛式的關懷。

這個觀察心得其實有進化論的根據。達爾文關於人類的第一本著作《人類的起源》（*The Descent of Man*）指出，同情心與同理心是人類始祖最強烈的本能。他認為，深具同情心的社會，才能讓子孫成功活到足以傳宗接代的年紀，確保基因代代相傳。這是非常大膽的主張，廣被社會心理學家反駁。後者主張，人類天生只顧自己利益，所以自私、貪婪、好鬥。不過由達契爾．柯特納（Dacher Keltner，加州大學柏克萊分校心理系教授）等社會心理學家所做的最新研究發現，人類生來富有同理心與愛心。這些具有生物學基礎的情緒，深深烙印在哺乳類動物的腦裡。所以根據物競天擇，只有調整自己，培養照顧弱者的能力，比較有可能生存下來。

在這本令人感動的自傳裡，連結（connecting）取代競爭（competing）的基調貫穿全書。回顧過去，因為痛苦、因為不願面對，因而留下許多遲遲未打理的人生功課，整理這些功課需要時間，也需要勇氣。不過從本書可以具體看到，找回迷失、斷線的心弦，心是多麼雀躍滿足。里．克拉維茲幫我們上了一堂寶貴的人生課題：「先愛自己，才能愛別人，繼而打開與他人連結的任督二脈，使之重新恢復活絡。」

蓋爾．希伊（Gail Sheehy），《人生變遷》（*Passages*）作者

前言　彙整清單

——十件真正重要的事

逾一年的時間，事業持續走下坡。我和老闆之間的嫌隙持續擴大並浮上台面，說不上來到底哪裡出了問題，不過兩人之間曾有的交情與互信漸淡。除非事情有所改變或轉圜，否則不是他炒我魷魚，就是我自動辭職走人。

主動開口請辭並不容易，畢竟這是我熱愛的工作，之前還一度以為會在這家公司服務一輩子。

幾個月過去，老闆迴避我，冷凍我。我試圖改變兩人之間的互動模式，可惜徒勞無功。在同事面前，我力持鎮靜，神色自若，並做好自己分內的事。不過下了班回到家，情緒不免低落，動不動就對孩子發脾氣。九月底的禮拜天，伊莉莎白和我到戶外踏青，兩人遠眺湖水，看著一群加拿大野雁振翅朝南方而飛。

「加入牠們的行列也不錯。」我說。

「你啊，會帶著電腦同行，從頭到尾埋首工作。」她道。

「我不會，」我道：「想到明天又得回公司上班，我就覺得害怕。」

「我知道，也許該是你離開的時候。」她道，握著我的手安慰我。

我覺得自己做好了準備，可以勇敢邁出下一步。我這輩子從沒這麼做過。

次日早上到了辦公室，一位主管告訴我，我的飯碗沒了。由於兩人之間的談話不到一分鐘，何況又是在人來人往的走廊上進行，所以我心想他一定是在開我玩笑。可惜這不是玩笑；我真的被炒魷魚了。

我打電話給伊莉莎白，但她沒接，過了好幾分鐘才回我電話，在這幾分鐘的空檔，我的心情五味雜陳：先是驚嚇愣住，繼而是憤怒。覺得自己彷彿是被人用過即丟的棋子，覺得自己慘遭出賣。我被定罪、被判刑、被貢獻多年的「祖國」驅逐出境，期間完全沒給我接受公平審判與申訴的機會。聽到結果，我心裡多少抱著希望，期待直屬上司的上司會推翻這個決定——當然這只是奢望罷了。內心除了奢望，幾乎被難堪、羞愧感佔滿。我記得自己十多歲的時候，父親失業，自此家裡就籠罩著低氣壓，家人的關係變得冷淡疏離，每個人的智慧似乎都退了一步，也更吝於付出。總之，失業帶來的絕非好事，而是讓生活陷入擔憂與害怕的漩渦。而今換我失業，換我讓家人失望。我該如何向三個稚齡的小孩解釋，他們老是忙於工作的父親何以賦閒在家？該如何保護他們，以免他們經歷當年父親失業時讓我困惑與害怕的種種影響？

伊莉莎白聯絡上我時，我已累到說不出話。「我知道你的心情糟透了，但是再過幾天，你會明白，這可能是你這輩子遇到最好的事。」她道。我希望她所言不假。

剛開始，我努力彌補之前未盡的父責。我帶小孩上學，陪他們練球與比賽，幫他們溫習課業。我還挪出時間健身、甩肉、降低血壓。以前我會和伊莉莎白一起參觀博物館，期間中斷了多年，現在又有時間一起做，感覺很開心。

但是才短短幾週，我開始緊張，也開始在意別人對我賦閒在家的觀感。我不再和朋友約會見面，也拒接他們的電話。我不再陪小孩玩樂或運動，而是待在床上打盹。我不再和伊莉莎白出門約會，而是窩在家裡觀看重播的電視影集《法網遊龍》（*Law & Order*）。

早上賴床到十點或十一點，不斷思索自己被解雇的那一刻，以及到底是誰下的指令。起床後我會煮一壺咖啡，一杯接著一杯不停地喝，搞得自己興奮或刺激過度，以致無法專心讀報或觀看新聞。失業佔據心思的時間，和之前全心投入工作所花的時間不相上下，總之就是對失業一事耿耿於懷，早也想，晚也想：出去倒垃圾會想、和鄰居揮手打招呼會想、連遛狗時都會想。因為之前從沒想過自己會有失業的一天，因此毫無頭緒下一步該怎麼走。茫然失措讓我不安又緊張，和人聊天會刻意迴避這話題，以免對方問起我未來的打算。

伊莉莎白建議我到麻薩諸塞州的伯克夏（Berkshires）克里帕魯瑜伽道場（Kripalu）上課幾天，也許有助於我放鬆，重整思緒。我對這建議嗤之以鼻，但她還是留下了道場的電話。

十月底，下著雨的午後，我從紐約上州的家裡出發，沿著塔康尼克公路（Taconic）往北開，再接上東向九十號州際公路，開往麻州西部。一路上，葉子已變色，也掉得差不多。我必須從大雨與不斷運轉的雨刷中，找到二號出口，這樣才能接到七號線與二十號線，所以一路非常緊張，不敢鬆懈。走完二十號線，接著沿著蜿蜒馬路，開到雷諾克斯（Lenox）。所幸順利抵達目的地，只是過頭了一點點——停到一棟大型建築物前面，這屋子以前一度是羅馬天主教的修道院。

在克里帕魯道場大廳徘徊的人，年紀多半介於五十出頭至五十好幾，而且似乎都跟我一樣——被壓力壓得喘不過氣來、對前途茫無頭緒。我到櫃台報到後，將行李放到其他三位中年男子共用的房間。

晚餐的菜色包括扁豆湯、甘藍和地瓜。吃完晚餐，我可以選擇肢體課程或〈薄伽梵歌〉（Bhagavad Gita）的唱誦課。最後決定參加肢體課，和十多個人一起跟著鼓聲自由擺動肢體。負責打鼓的兩位鼓手來自加勒比海。

一開始，我覺得自己前後揮動手臂模仿印度女神杜爾迦（Durga，印度神話中的降魔女神，通常以女武士的形象出現，有十隻手，三隻眼）的模樣，簡直跟個笨蛋沒兩樣。更蠢的是，我被一個綁著馬尾的白髮男子拉到一群中年男女圍成的圈子，跟著大家一起擺動，不過說也奇怪，我開始放鬆，甚至樂在其中。我赤腳踩著木地板，四肢擺動越來越快，當圓圈一分為二時，大家模仿巨蛇扭動身體，忽高忽低彷彿波浪起伏，繞著教室而行。激昂的鼓聲到達高潮時，大家一個接著一個脫隊，往後倒臥在地，開心地發出咯咯笑聲，渾身發熱冒汗。

我很自豪自己有所進展，朝小孩所希望我這老爸恢復以往輕鬆自在的目標邁進，帶著自豪心情回到臥室，沒多久就進入了夢鄉。

次日早上，我先參加六點的瑜伽課，然後才吃早餐，以燕麥片、南瓜子和綠茶果腹。回到臥室準備沖澡時，發現床上有張紙條，請我到櫃台一趟。一位長相甜美的年輕女子告訴我，兩位室友抱怨我打鼾聲太吵。打鼾是克里帕魯的首要大罪（cardinal sin），不容寬貸，結果我被流放到道場的「西伯利亞」，專門收容打呼者的樓層。

室友受不了我打鼾，讓我覺得既受傷又難過，這種心情和當初被解雇時不相上下。不到一個月之前，我還是公司裡的要角，有間個人專屬的辦公室與祕書，而今我只是個被人嫌棄的打鼾者。

我並非大家司空見慣的典型打鼾者，不是一般朝九晚五的上班族，也不是你可以邀約喝一杯的同好，我是有酒癮的打鼾者，而這惡習對我家人造成極大的傷害。

多年來，伊莉莎白一再跟我抱怨：「你心裡從來就沒有我。」我的確是這樣。即使我在家，滿腦子想的都是工作。伊莉莎白分擔了八成以上的家事，還有養兒育女的責任，但是我心存感激嗎？當然沒有。我有太多事要忙，無暇顧及家庭。我到底有沒有盡到綿薄之力，稍稍減輕她的負荷？老實說，偶爾會，但是我的心思多半擺在事業上，在工作中力求表現，希望能脫穎而出，因此她一肩扛起重責，讓我無後顧之憂。

心無旁騖地工作，不僅讓我無暇分擔家務，更糟的是剝奪了我和孩子培養感情的機會。班傑明坦言，他不敢靠近我，而他的雙胞胎妹妹卡洛琳則跟保母說：「爹地從來都不笑。」他們快滿十一歲，已懂得和我保持距離。老三諾亞快滿八歲，還是跟以前一樣喜歡鑽到我和伊莉莎白的床上，跟我們窩在一起。不過要享受他窩在懷裡撒嬌的幸福感，我得待在床上，而非窩在書房，猛敲電腦鍵盤。

但是知易行難。

我體內存在工作狂的基因。我父親是工作狂，祖父、曾祖父也都嗜工作如命。曾祖父是立陶宛農夫，每天凌晨三點起床，下田工作。

在工作至上的社會，沒有人比克拉維茲這家人更賣力了。難怪我們家族不少男人六十出頭便因為心臟病而離開人世，生前結交的朋友也寥寥可數。不過克羅維茲男人絕對不會和偷懶畫上等號：我們為工作而生，直到被工作榨乾為止。

社會也滋養我們愛工作的毛病。我在美國企業任職二十年，鮮少人叫我減少工作量，就算有，上司也會說，那只是說說罷了，別當真，除非他的上司下嚴令，不准超時加班。你不會因為做個顧家的好丈夫、好爸爸而升官，不會因為擔任學校義工而加薪，更不會因為休假（儘管那是你應得的福利）而被老闆褒獎。你若要異軍突起，必須夜以繼日不眠不休地工作，一切以工作為重。你不會因為參加孩子學校的家長會而加薪，不會因為關掉手機而讓考績加分。升官加薪靠的是比老闆更早進辦公室，到了午休時間也拚命工作，週末與假日照常加班，而且隨叩隨到。

這些想法是我在克里帕魯一週得出的心得。我在道場並未完全證悟，但的確修正了我對工作的態度，不再認為必須全力以赴，或為工作犧牲生活。所以我不急著再度投入職場。老實說，要再找份工作並不容易：我已五十四歲，曾擔任雜誌社主編，而這行仍在急遽失血萎縮並徹底轉型中，要重操舊業很難。靠著伊莉莎白的收入以及我的遣散費，再撐一年應該不成問題。我可以在這一年學習新的技能，然後重新投入就業市場。或者趁這一年空檔修心養性，讓自己更開心、更感恩、更有人緣、更了解自己、更知道自己在乎什麼。雖然有心於此，問題是我該如何開始？又該從哪裡開始？

所幸無意間答案自動找上門。之前任職的雜誌社將十箱東西寄到我和伊莉莎白在鄉下的家，這十箱東西寄放在公司的貯藏室長達十三年，裡面放了我之前四十年累積的一切。

我怎麼會把這些箱子寄放在公司呢？因為我們在曼哈頓的公寓太小，根本沒有空間容納這些箱子。我怎麼沒把箱子寄到鄉下的家呢？因為我老是在工作，無暇打理它們，也沒時間理會裡面可能讓我分心的諸多回憶。

不過現在我多的是時間。我給自己一週，一個人待在鄉下，整理箱子裡累積的人生點滴。因為伊莉莎白與孩子都待在城市的家，所以整間屋子都是我的地盤，我隨意將資料攤散在地上。這項浩大棘手的工程讓我又愛又怕。資料得分成三大類，第一類放在鄉下的家，第二類留在城市的家，第三類則進到垃圾桶。我得拿出壯士斷腕的魄力，決定資料何去何從，而理出頭緒之前，恐怕會出現更大的混亂。

雖然是浩大的工程，但並非毫無樂趣可言。我給自己倒了一杯紅酒，舉杯敬自己，預祝工程順利。我希望自己所作所為能讓我成為一個更好的父親，所以我放了兒子諾亞最喜歡的歌——披頭四的〈一週八天〉，然後開始動手拆箱子。

打開了幾個箱子之後，我發現自己當初打包時一定是心浮氣躁、操之過急。大學的筆記與報告和一張中美洲大型地圖以及銅製的紀念童鞋放在同一個箱子。印有校名的中學夾克覆蓋著一九九二年我在共和黨與民主黨黨代表大會收集的各種紀念品。

有個箱子裝了幼稚園以來的在校成績單，母親仔細地把成績單依好壞分成兩疊，用釘書機釘在一起。有張從朋友變戀人的女友名單，分別出現在我七歲、十一歲、十九歲與二十六歲。還有我寫的悼詞與祭文，哀悼死去的寵物、外婆以及一位因癌症過世的友人。

另外一個箱子裝了一千多封父親寫給我的信。自我上了大學，他每週寫一封信給我，信裡他用的括弧、引號和強調重點的紅色字體，與眾不同、獨樹一幟。我的室友和我花了好幾小時，試著解讀裡面是否暗藏什麼祕密，結果一無所獲。不過我們的確找到不少克努特・羅克尼（Knute Rockne，美國知名足球教練）式的教誨與忠告。父親的信固然難解，但能激勵與鞭策我，所以全被我保留了下來。箱子裡也放了我收集的棒球帽，以及我在印尼峇里島買的一個皮影人偶。

箱子裡的東西充滿怪誕與奇妙的組合，看到這些五花八門的東西，如實反映我刻意壓抑與遺忘的自我，讓我彷彿受到雷殛。裡面有我在以色列收割香蕉所用的鐮刀，提醒我年輕時也曾懷抱追夢冒險的渴望。一本宛如天書的夢境日記，讓我想到有一年自己山窮水盡、對未來充滿恐懼，晚上輾轉難眠，所幸朋友幫了點忙，讓我撐過這段黑暗期。

還有一個箱子裝了筆記與記事本，是祖父過世兩週前交給我的。他將後半輩子的二十年用於創業，提供猶太大屠殺的倖存者就業機會，讓他們過著有尊嚴的生活。在我還相信英雄的年紀，他是我最崇拜的偶像。

在同一個箱子裡，我找到了中學的畢業紀念冊。一邊翻閱一邊想，這人現在在哪？我怎麼沒跟他保持聯絡？心裡充滿了好奇與遺憾，這種心情在翻閱過程中出現了不下

二、三十次。我還發現，常欺負我的惡霸，照片就在我照片的上面，彷彿他生來就是要找我麻煩，讓我難過。裡面有張照片是我最喜歡的老師，他年紀輕，是聖公會的牧師，鼓勵我思考、寫作、堅信為善的義務。我和他失聯已久，一如我和中學的至交也斷了音訊，他打開我的視野，讓我了解與神交會的可能，後來他出家當了修道士。

歲月飛逝而過。一晃眼，十五歲了。再晃眼，已五十五歲。時間之河繼續推進，而你已從地球消失。愛護你、拉拔你的人也是如此。

有個箱子放了外婆的病歷，證實外婆伯蒂可能無法再自己一個人生活。我六歲的時候，她教我怎麼玩「釣魚」（Go Fish）的紙牌遊戲；八歲左右，她抱怨我作弊，害她上當。我十二歲、十五歲、十七歲、二十一歲時，她參加了我小學至大學的畢業典禮，並跟每一個人炫耀，說她有個引以為傲的孫子，儘管我玩「釣魚」會作弊。

我找到一張和兄弟合照的相片。過去二十五年來，我們兄弟鮮少攜家帶眷同時出現於同一個地點。有一次大家難得齊聚在我的婚禮上，當時伊莉莎白已懷雙胞胎六個月。為什麼大家這麼少聚會？不外乎忙著工作抽不出時間——家族通病。

時間過得真快：照片的我有時留鬍子，有時沒有；三十年下來，明顯看出頂上毛髮日益稀疏，髮際線不斷後退；一個裝著愛犬巴斯特骨灰的罐子；倫敦一位朋友寫給我的信，邀我同遊巴黎，到大門（Doors）樂團主唱吉姆・莫里森（Jim Morrison）的墓前追思；一張喬伊絲和我攝於高中畢業舞會的照片。她是我的初戀，畢業十五年之後，我們依舊是好友。可惜她結束婚前派對，在開車回家途中不幸車禍喪生。兩天後的下午原本是她結婚的大喜之日，卻成了她的喪禮。喬伊絲生前和我一再保證，兩人的友誼會一直持續到白髮蒼蒼的八十歲。九月她離開人世的那天，是我這輩子最傷心、最難過的一天。

我給自己再斟了杯酒，繼續翻找另一個箱子。一本收集全球各類郵票的集郵冊裡，塞了一張破舊不堪的禱告詞，是我十歲之前每晚必念的禱詞，至今依舊倒背如流：

闔上雙眼進入夢鄉之前；
對著上帝，哦，我的主啊，百感交集，思緒萬千；
感謝汝賜的一切恩福
讓恩福與我們同在，與爾幼小的孩兒同在。
哦，請保護我，讓我安眠整晚
睜眼見到明早的曙光。

距離第一次睡前晚禱過了近五十個年頭，但是自覺跟那個天天晚禱的小男孩很像，並無今非昔比的感覺。

當晚冷風颼颼，整晚難以入眠。以這種方式——措手不及、前後時間錯置、沒有前因後果——和過往相遇，完全顛倒我對事情甚至自我的認知。我閉上雙眼，腦海浮現各種畫面：勝利近在眼前的競走比賽，在十三歲猶太成年禮上發表演講，一九六九年夏天初嘗禁果，以及帶領沙地球隊（sandlot team）打入全州錦標賽。

錦標賽開戰當天，豔陽高照，觀眾席上不乏大聯盟的球探、小賭小贏的賭客、擁有古銅色肌膚的青少女。清醒躺在床上的我，想到擔任右外野手的安德烈，他不僅是身手矯健的傑出運動員，為人也非常善良。那個夏天之後，我倆便分道揚鑣，至今未曾見過一面，不過最近我在《紐約時報》看到他女兒的照片，她在伊拉克進行和平任務時，不幸遇擊喪生。同為人父，我了解喪女之痛，傷心難過地哭了又哭，不過我遲遲未動筆寫信安慰這位老隊友，表達哀悼之意。

腦海陸續浮現一堆我該做卻遲遲沒做的事項，害得我難以入眠。

當天稍早傍晚的時候，我重聽祖母雪莉一九七〇年代末跟我的對談。聽著祖母用她熟悉的意第緒語（Yiddish）述說往事，我忍不住發笑，益發思念她。不過同時也想起來，自己當年因為忙於工作，無暇參加她的喪禮。

月光從簾子透了進來，照亮臥室。我想起有次參觀肯亞北部一處難民營，那裡熱得跟蒸籠一樣，到處是灰塵，收容了三萬兩千多名兒童，全是因為逃避族人之間的內戰，從鄰國索馬利亞湧入。許多小孩自此與父母失散，成了孤兒，但他們依舊懷抱一絲希望，相信未來會更好。有個男孩要我告訴他跟美國相關的大小事，因為他夢想有朝一日能前往美國。他拿了一本發了霉的教科書給我看，是他用來精進英文的工具。這本書歷史悠久，是大英帝國殖民肯亞時留下的。我跟他說，我會寄大量的新書到難民營的圖書館，不乏他喜歡的。

「每個人都這麼說，」他聳肩道，意味著我可能光說不練。

我的確食言，腦袋也早已忘了這檔事。

我一定小睡了一會，因為睜眼時，發現房間的光影已移了位置。我的思緒再次回到那些箱子，心想這些箱子不僅是我年輕時交遊廣闊的活見證，也在在提醒我，一堆未竟的功課正等著我完成：諸如打電話安慰安德烈等，這些都是我該做的，卻一拖再拖或半途而廢。理由不乏急著出人頭地、無法全心全意、心想晚點做也沒關係，因而忽略了人生重要的課題。影響所及，我傷害了身邊的至親，也養大了恐懼感與強迫症，搞得自己彷彿被套上了枷鎖，只得拚命工作。

這些箱子提醒我，以前的我優於現在的我：好奇心十足、喜歡追求刺激、更富愛心、只要是對的事不惜冒險勇往直前。長大後，往往因為恐懼感作祟，導致自己裹足不前，因而留下一堆未竟的功課。

我若搶了銀行或違反交通規則，我得坐牢、繳罰款，或是從事社區服務。我沒參加祖母的葬禮、對小孩食言，但沒有人可以為此起訴我、處罰我，除了我自己。

有些作為或不作為，會由內而外啃噬你，糾纏你的靈魂、打擊你的人格。一再提醒你，你這人麻木不仁、心胸狹隘、成不了大器。說來奇怪，這些事表面上不過是芝麻蒜皮，卻在我們的內心與腦袋中顯得如此突出與巨大。我好不容易睡著之前，下定決心要處理這些未竟功課，若再繼續任其增加，我將無法原諒自己。

次晨醒來，我動手擬定計畫。決定先不急著就業，而是空出一整年時間，把自己鬆脫的感情螺絲重新拴緊。

接下來幾天，我苦思許久，心想自己到底該從何開始。有一個強大的聲音催促我為過去補過彌錯。補過是所有本能與衝動裡最人性化的一種，也是多數宗教奉為圭臬的核心精神，他們承諾信徒，只要有心贖罪與補過，救贖與天堂便為之不遠。

古埃及時代，人過世之後，靈能否重生，取決於心的輕重。若心比羽毛輕，表示這人純潔無瑕，靈就能復活永生。若心因罪孽而重於羽毛，靈便無法在來生找到一席之地。

佛教與印度教主張，生前行善是積德與積福，作惡則是造惡業。想像自己在世時，肩上背伏一大包惡業，要嘛被重擔壓得喘不過氣來，要嘛無法放膽向前。我該如何減輕重擔，讓自己在此生與來生自在前行?佛教喇嘛稱，正行是唯一之道。

天主教徒在神父與上帝面前告白，坦承自己的一切罪行與缺陷，立志彌補。

在猶太教的贖罪日（Yom Kippur），我們全家會禁食與禱告。我小時候很愛過贖罪日，一家人到猶太會堂，我站在父親身旁，輕捶胸膛，一邊跟著眾人念出一系列過錯與罪惡。

想到可拿出來獻醜的罪名時，我們會用手肘碰觸旁邊人的手肘。「在主面前，我們犯了藐視父母與老師之罪。」（我被父親用手肘碰了一下。）「在主面前，我們犯了硬心腸之罪。」（我用手肘碰了他一下。）「在主面前，我們犯了否認與說謊之罪。」（換我被碰。）「在主面前，我們犯了伸長脖子、高高在上之罪。」（我被撞了一下，然後是父親。）這樣的過程一再重複，大概細數了十多個罪之後，最後大家齊聲念出：「哦，祈求慈悲的主，赦免我們上述之罪，原諒我們，贖我們的罪。」

在贖罪日，主原諒我們言而無信，不過赦免範圍限於與主相關的承諾，若是得罪了人，祈求原諒或赦罪並非易事，我們必須祈求當事人的原諒而非主。若對方不肯，我們的罪便得不到赦免，錯誤將繼續存在，無法根除。因此在悔過補錯時，絕不可虛與委蛇，務必誠心誠意。

對猶太教以及其他信仰而言，誠心誠意才是重點。你必須停止犯罪，誠心誠意悔過，下定決心絕不再犯。我從未參加過協助酗酒或毒癮者戒癮的「十二步計畫」，但我真切知道戒癮過程裡，悔過補錯是極重要的一環。在戒酒團體裡，每個人得列出被自己所傷的受害人名單，然後**誠心誠意**修補傷痕。光道歉不足以補過，你必須**親自**向得罪過的人要求原諒，拿出金錢（或任何妥當的賠償形式），證明你誠心誠意悔過。

有毒癮或酒癮的人習於說謊、偷竊、欺騙、出軌。這種人的惡業罄竹難書，試想他們得靠多大的努力與毅力，才能減輕惡業的重擔。

我有足夠的勇氣與紀律嗎？這正是我在整理未竟功課的清單時，對自己打下的問號。

我早該打電話慰問安德烈；早該參加祖母的喪禮；早該履行我對肯亞那個男童的承諾；早該完成一千多件其他該做而沒做到的事。我整理該做而未做的清單時，清楚知道何以這些事對我如此重要，但我花了幾個月才了解何以每件事對我而言如此難以處理。輕鬆易解的事不會被列入未竟的功課，唯有困難或是我們最懼於面對的事，才會變成未竟的課題。

若我參加祖母的喪禮，我就不得不面對四分五裂、傷痕累累的家庭。寫信安慰安德烈，會忍不住擔心自己女兒哪天可能遭到不測。難民營那個小男孩代表了全球受苦受難的兒童，而我能力有限，無法一一協助。

列入清單的未竟功課在在反映出埋在內心深處的無助感、挫折感與恐懼。說來諷刺：我們把人生最重要的課題擺在待做清單的最後，因為我們沒有時間也沒有力氣處理這些人生要事。說來這也算是人之常情：畢竟最重要的事需要花時間與力氣，而我們一天只有這麼多的時間與精力。結果就是讓要事悄悄地隨時間而去，不過我後來也發現，若我們願意關注這些事情，回報與收穫亦相當可觀。

我決定花一整年處理未竟的功課，以十次不同的旅程完成這些課題，其中三次和家人與親友有關，包括雙親、祖父母、叔伯、姑嬸，以及諸多近親與遠親，他們在家族風光之際，坐收漁利，也在家道中落時，落井下石。家庭是形塑我們特質的核心，也是我一堆未竟功課的主角，若放任這些與自己關係匪淺的人與事不管，我會於心難安。

剩下的七次旅程包括了四個老友、一個曾經誓不兩立的勁敵、人生第一個恩師，以及一位僅一面之緣的男孩。為了與他們取得聯繫，要嘛由我主動打破藩籬，要嘛由我先低頭悔過改正。

累積這麼多該做而未做的功課，不乏是因為恐懼作祟。怕自己抽不出時間是其一。再者，我對一些傻氣或愚昧之事，一律敬謝不敏，擔心丟人現眼，也擔心讓對方失望，所以一拖再拖。處理這些恐懼（就連確認到底是哪些恐懼感作祟），得花上不少時間，而時間正是我所缺乏的，也是我吝於給自己的。不過當我花時間面對，並以正確的心態、滿腹的悲憫心、堅持不懈的毅力出發後，我發現，奇妙的事出現了。我不僅彌補了遺憾，也重新找回遺忘在不同角落的自我。因為投入，我整個人變得更豐富也更熱情。

一開始我並未預期會有這種結果，也不知道自己的計畫是否可行，我只知道，我必須找到我的姑姑佛恩。我小時候，佛恩曾經姑代母職照顧我。及長，她會對我吐露祕密與夢想。佛恩是整個家族裡唯一在我左右的人。十五年前，她和祖母大吵一架，之後被送入精神病院。他們母女兩人住在同一棟公寓，佛恩有精神分裂症，祖母罹患阿茲海默氏症，兩人經常爆粗口折磨對方，最後警方介入，將佛恩送到精神病院。

每次打探佛恩的下落，家裡每個人都推說不知道，就連我父親（佛恩的哥哥）也一問三不知，大家似乎不關心她的死活。我覺得他們（以及多年來的自己）這種不聞不問的態度，簡直就是沒良心。所以我非得找到佛恩不可，我要讓她還有我自己知道，我的確有心，還會關心人。

第一章 尋找與悲傷同行的女兒

——尋覓失聯已久的親人

整理自己過去留下的諸多美勞作品時，無意間發現佛恩姑姑寄給我的三十三歲生日賀卡。

賀卡上是一名身穿和服、持筆描繪日本秀麗山水的女子像，卡片內頁是一首漢彌爾頓（Robert Browning Hamilton）的詩。佛恩姑姑用心地將詩詞以美麗字體謄寫在賀卡上：

我跟快樂一起走了一哩路
她一路上叨絮個不停，
但她說了半天，
我智慧毫無長進。

我跟悲傷一起走了一哩路

她一個字也沒說。

不過，唉，當悲傷與我同行，我學到的真多。

「我非常愛你，里奇，」佛恩補充道，用的是我家人對我的暱稱。然後她寫道：「附記，這故事說來話長——將來我們再一起把它寫出來。」

距離收到這張卡片至今已過了二十年。那時心裡隱隱覺得，將來我要協助佛恩把她和悲傷同行學到的點點滴滴，寫下來和大家一起分享。「這故事說來話長——將來我們再一起把它寫出來。」這是我對佛恩的約定，也是她對我的約定。

不過老實說，我和她將近十五年沒見，也沒聯絡。更有甚者，就連我的家人對她的下落也一問三不知，似乎也不關心她人在何處。

佛恩姑姑患有精神分裂症，從十三歲開始，便在精神病院進進出出。小時候，她曾學過鋼琴，立志當個鋼琴演奏家。不過她的脾氣越來越壞，情緒也越來越不穩定，不得不開始服藥，也接受腦部電擊治療。她小時候，體型嬌小，人也美麗，是猶太社區人見人愛的小公主，不過服藥之後，變得肥胖臃腫，到了三十歲左右，四呎十吋的身高（約一四八公分），卻重達兩百磅（約九十一公斤）。佛恩第一任丈夫是她中學足球校隊的隊長，兩人不久離異，離婚當天，她首次割腕自殺，之後又數次自殺未遂，而被送進精神病院。佛恩上一次住院是一九九四年，醫師不希望家人探視，擔心會刺激她，想到更多不好的回憶，會使她陷入更深層的憂鬱。

這張生日賀卡提醒我佛恩對我疼愛之至，對我影響頗大。在所有親戚當中，她鼓勵我傾聽自己的心。她以前可能目睹刺客躲在樹叢後面鬼鬼祟祟，所以心裡有陰影，但是她力勸我和其他姪子與姪女，要愛這個世界、要愛世上的萬事萬物，當然也要愛我們自己。我何以想見她？理由很多，包括想彌補她、想和她分享自己小時候的生活點滴，也想讓她知道有人關心她。不過心裡會惦念著她還有另一個原因，我心想也許可從她身上獲得無條件的愛，而我現在正需要這個。

我似乎把對她的感情與記憶全埋藏了起來，遺忘在某個角落，直到有一天，無意間發現了這張美麗的舊卡片，記憶彷彿打開了開關，傾瀉而出。但是她人在哪裡？

上次見到她，她五十二歲，現在應該是六十六歲。若有誰知道她的下落，那人應該是她的堂姊崔娜。根據父親的說法，佛恩的醫師就是透過崔娜傳話給我們，要大家不要到醫院探視她。

我上一次和崔娜見面時，兩人不歡而散。我新聞系畢業之後，曾告訴她，我打算寫一篇報導，主角是她那個搞幫派的堂親賈基，但她一聽，怒道：「讓賈基平靜過他的生活。」說罷揚長而去。

這事發生在二十五年前。

我訂了前往克利夫蘭的機票。容我坦言，找崔娜打聽佛恩的下落，讓我的心情七上八下。

腦海播放的家庭錄影帶裡，佛恩的鋼琴聲伴著我們一家人歡度愉快時光。大家圍著祖母的小型演奏琴，佛恩彈著琴，其他人跟著琴聲唱著當年的代表名曲：〈輝煌時代〉（Camelot）、〈真善美〉、〈月河〉、電影《國王與我》的主題曲〈一起跳舞吧〉等等。

大家全部加入歌唱陣容：母親、兄弟、就連父親都開了金口；祖母、三個姨婆、堂表親全部參與。少數人五音俱全，但多數人唱得荒腔走板。我們誇張地唱出歌詞，假裝自己是茱莉．安德魯絲（Julie Andrews）、伊秀．摩嫚（Ethel Merman）、羅伯．古列（Robert

Goulet）等巨星。爺爺班尼是唯一未加入合唱行列的人。他坐在自己最愛的椅子上，跟著歌聲輕擊煙斗、輕點雙腳。他難得笑得開心，我們每個人也都樂在其中。

從紐約飛往克利夫蘭途中，我憶起週五晚上在祖母家的家族聚餐，以及為祖父守喪之夜。一九七二年十月二十日，我才剛上大二，接到父親來電，告知祖父過世。我趕搭第一班飛機急奔克利夫蘭，到了機場，父親開車載我到殯儀館，途中他對我說：「我永遠超越不了父親。」那是他唯一一次在我面前掉淚。

那晚，一個工會主管從辛辛那提飛來弔唁，說了一些黃色笑話，惹得在場女士不悅，卻逗得男士捧腹大笑。期間佛恩一度緊抓我手臂不放，對我說：「里奇，你看到他了嗎？」她指著玄關的方向。「你看到他了嗎？」她剛看到祖父的鬼魂走過玄關。幾小時之後，她企圖自殺。

親人對佛恩避之唯恐不及，只有我是她的知音。因為我讀哲學、寫詩，因為我遠走他鄉，可以告訴她很多故事，所以佛恩認為我是家族裡少數懂她知她的人。我們家不屑同理心、設身處地為他人著想這一套，父親把它和軟弱畫上等號，母親宣稱心軟對我一點好處也沒有——佛恩認為這是優點。

一九八〇年代初，我搬到紐約之後，每次只要回克利夫蘭，一定去探望佛恩與她的丈夫。她的第二任丈夫傑瑞愛賭，習於花言巧語，穿著打扮類似「鼠黨」（Rat Pack）成員。他們膝下無子，但養了一隻令人不敢領教的㹴犬巴菲，這隻狗見到東西就扯咬，彷若恐怖分子。夫妻倆和祖母雪莉同住，屋裡原本是清一色的白，除了鋼琴是黑色之外，不過在佛恩與傑瑞這兩個老煙槍多年「薰陶」之下，白牆逐漸變黃，再變成髒兮兮的污黃。

我們的會面模式千篇一律。我傍晚五點開車到他們的寓所，進屋和大家在客廳閒聊，佛恩與傑瑞邊聊邊吞雲吐霧。五點四十五分，我開車載他們到附近購物中心一間中國餐廳，趕上早鳥特惠時段。他們每次都點雲吞湯、蛋捲、糖醋排骨和雞肉炒麵。祖母與傑瑞淺嘗開胃菜時，佛恩對我咬耳朵，吐露她的祕密：一堆男人拜倒在她的石榴裙下；有些男人不懂得憐香惜玉傷害了她；她整天提心弔膽，擔心心愛的傑瑞重病離開人世。

傑瑞第一次心臟病發作時，佛恩在一旁照料。她寫信給我：「我的工作一點也不輕鬆。我得替他洗澡、更換傷口敷料、更衣、扶他走路、想辦法讓他有充分的休息。希望你對我的所作所為深以為榮。」她接著道：「你的愛、你的用心、你對我的敬重，對我而言意義重大，從過去到現在一向如此。」除了佛恩，沒有人寫過這類句子給我，也沒有人像佛恩如此坦誠、窩心、示弱。

傑瑞的病情持續惡化，佛恩的筆跡、心理狀態也跟著走下坡。傑瑞過世前一週，佛恩以她抖顫、爆青筋的手寫了一封短箋給我。「親親吾姪，盡情享受生活與人生歷練，包容所有你關心在意的人。」

她督促我保持理想，即使傷心欲絕、遭逢打擊等逆境時（一如她人生碰到的種種不如意），也要堅持理想。

我最後一次探視佛恩與祖母，是帶著伊莉莎白同行。當時我已有意娶伊莉莎白為妻，所以帶她拜會我這輩子最重要的兩個女人。也讓佛恩與祖母知道，多年來交往了多位不同宗教信仰的女子後，終於要娶個猶太女子。祖母雪莉罹患阿茲海默氏症，健康大不如前，佛恩姑姑尚未走出喪夫之痛，但是我心想，她們多多少少會了解伊莉莎白這女子將為我妻，和我共組猶太家庭，並生養我的孩子。

祖母與佛恩因為大打出手而分居兩地的前一年，我一直找不到機會回克利夫蘭。我當時忙於工作（一向如此），不過也在那一年，伊莉莎白和我開始同居，兩人在布魯克林租了一間公寓，展開全新人生，作為邁向婚姻共組家庭的第一步。

有一晚，伊莉莎白的母親哭著從底特律打電話給我們，稱伊莉莎白的哥哥剛因車禍喪生，肇事者是一位酒駕的青少年。伊莉莎白與家人哀傷逾恆。經過整整兩年，我們才有心思考慮結婚一事。

當佛恩與祖母因為大吵而被迫分隔兩地之際，也許我整個心思已被伊莉莎白一家人的悲劇佔滿，所以對其他壞消息不聞不問、冷感以對。祖母過世，我沒有參加她的喪禮，因為我無法想像自己在場該如何招架彼此怒目相視的親友。也許工作只是個藉口。我遠離佛恩的生活，也許是因為我受夠了悲傷，只想趕快結婚，和伊莉莎白一起打造我們的人生。因為諸多理由，我遺棄了佛恩。十五年後，我準備補過贖罪。

崔娜和我決定在我們都認識的一位朋友家碰面。

「沒想到一晃眼就過了五十年，想當初你還是個小嬰兒，由我把屎把尿。我能叫你里奇嗎？實在不習慣叫你里。」

「當然，」我道。「妳可是當初里奇俱樂部的創始會員，雖然我九歲之後就跟這名字絕緣了。」

崔娜聞言大笑。她的臉透露出歲月刻痕，但搭配深棕色頭髮與淺綠色雙眼，依舊清麗。崔娜喜歡和名人攀親帶故，尤其愛提堂兄賈基幫與克利夫蘭黑幫的關係。

崔娜曾跟賈基的母親對賭，住過賈基家，和賈基的第三任美女老婆卡門一起開過古董店。

「她到底發生了什麼事？」我問。

崔娜娓娓道來我多年來聽過最精彩的故事，說她和卡門如何拖累了賈基，害賈基一蹶不振。自克利夫蘭黑幫發現賈基向聯邦調查局告密舉發他們，賈基就不斷地走下坡。

「若該幫發現是賈基告密，為什麼沒殺了他？」我問。

「因為賈基罹患腦癌，來日無多。對方要懲罰他，讓他不得好死。」崔娜說。

「佛恩呢？」我藉勢插了一句話。「你知道她人在哪裡嗎？」

崔娜並未閃躲。「她在奧羅拉（Aurora）的特護療養院，開車約半個鐘頭。我一位社工友人幫我找到的。」

「妳為什麼要這麼做？」我問。

「做什麼？」

「大費周章幫忙佛恩？」我說。

「因為你祖母待我如女，佛恩和我情同姊妹。而你父親與叔叔不知何故，完全不想插手——這點我並無批判之意。」

我自己花了足足十五年才重新關心起佛恩，因此我有何資格批評自己的父親或叔叔對佛恩置之不理？崔娜是家族裡唯一伸手幫助佛恩的人。感謝老天，幸虧有崔娜。

開車到奧羅拉特護療養院時，在高速公路上錯過了兩個出口，發現時，人已往西多開了二十多英里。到達療養院的停車場，已是早上十一點，而我至遲得在十二點半之前離開，才趕得上飛往紐約的班機。

「有什麼事嗎？」接待員問道。

我不知從何說起。「我姑姑在這裡治療，我已將近十五年沒見過她，我不希望過於冒昧，打亂她的生活。可不可以找個人先跟我談談，讓我知道她的情況，看看我適不適合和她見面？」

「你要探視的人叫什麼名字？」接待員問我。

「佛恩．利特。」

「我來知會她的社工，你先請坐。」

我一腳踏入這間療養院時，原本預期會進入冷冰冰的灰色世界，就像電影《飛越杜鵑窩》的場景。不過我在大廳等待社工時，發現這裡溫馨舒適，有鮮花、綠色與橘色沙發、牆壁畫了自然美景。

一位戴了眼鏡的美麗女子朝我走來，態度專業但不失溫暖。

「嗨，我叫艾莉森，是佛恩的社工，聽說你想見她。」

「希望不會打亂她的生活步調。」我道。

「應該不會。但是佛恩的訪客不多，你是我所知來訪的第一位親人。」

「佛恩有其他訪客嗎？」我問。

「只有一位，叫唐妮雅，人很年輕，是這裡一位房客的女兒，這位房客過世後，唐妮雅來看過佛恩兩三次。」她說。

十四年來，佛恩只有一位訪客。

我跟著艾莉森進入餐廳，看到房客正在用午餐。多數人頭髮已經花白，看起來年歲比佛恩大許多。

「她好嗎？」我問。

「腦筋不太清楚，不過可以清楚表達自己要什麼，比如想抽煙或要人幫忙更衣等。這裡的護士都喜歡她，因為她為人善良又可愛，有著非常精彩有趣的人生。」

我環顧餐廳一周，找不到和佛恩姑姑相似的身影。「她還有記憶嗎？」我問艾莉森。

「記得一些。她會談論旅行，以及年輕時彈琴的情形。我們一直遊說她彈琴給我們聽。」

「她彈了嗎？」

「沒有，但是我相信她想彈。」

「她還做了什麼？」

「抽煙。她抽得真兇。」

艾莉森和我聊天的同時，一位留著大紅頭髮的護士推著輪椅，穿梭於餐桌以及正在用餐的銀髮老人之間，乍看之下，我幾乎認不得輪椅上的人。輪椅朝我推來，我第一眼注意到的是她頂上的髮絲（更正確的說是她稀疏的頭髮），因為只有幾撮黑髮覆蓋於頭皮上。她的臉和美式鬆餅一樣圓，雙眼在厚重的眼鏡下骨碌骨碌地打轉，彷若乒乓球。我發現她的兩手抖得厲害，扯著身上的院袍，接著往下看到她胖嘟嘟的雙腿、白色及踝襪與拖鞋。輪椅越靠近，她的手抖得越厲害。她彷彿是等不及拆耶誕禮物的學步小孩，興奮地喊道：「里．理查．克拉維茲！我在做夢嗎？大家注意，我優秀出色的姪子里．理查．克拉維茲來看我了。」

我當場愣得說不出話來。

佛恩以手示意，要跟我抱抱，我趨前，緊摟著她不放。「我以為再也看不到你了。」她不斷重複這句話。

我亦有同感。不僅擔心再也看不到她，也擔心見到她，她可能認不得我。現在我們擁著彼此，抱得又久又緊，感覺和我這些年來擁抱其他人一樣自然，毫無扭捏或難為情。該擁抱不但出於本能，也滋養了心靈。我覺得肩上重擔一掃而空，之前不知佛恩是死是活，刻意將她摒除在我的世界之外，對她的態度不若從前，這些重擔壓得我喘不過氣來。

光是看到佛恩，已讓我心情輕鬆不少，見她如此開心歡迎我，更是讓我欣喜不已。

艾莉森提議由我推著佛恩到庭院抽根煙。出發之前，遞香煙給佛恩的助理先在她的胸前鋪了一塊防護背心。助理告訴我：「這墊子可以保護佛恩，以免她受傷。」

「我燙傷過自己。」佛恩道，露出小狗做錯事不打自招的表情。「就是這裡被我燙傷。」她指著腹部一處。「還有這裡。」

庭院有四張長椅，我把輪椅推到最靠近煙灰缸的一張。

「容我抽根煙嗎？」她問我。

「悉聽尊便。」我道。

我為她點煙，她深吸了一口。

「我大哥哈利還好嗎？」她問。

「他和我母親搬到佛羅里達，兩人非常喜歡那裡。」我道。

「佛羅里達？哈利住佛州？」她笑言。

「沒錯，而且他身體非常硬朗，就是聽力差，完全聾了。」

「全聾啊，」她嘆道，似乎打從心底為哥哥喪失聽力感到遺憾。「容我彈煙灰嗎？」

「請便。」我道。

她將一截長長的煙灰彈到地上，接著詢問我母親的近況。「菲莉絲好嗎？她過得開心嗎？」

這是大家問候母親時，心照不宣最常問的問題。家境不錯的時候——父親有固定的工作，讓母親有足夠的錢添購服飾，出去和朋友聚會，每隔幾年為家裡添件新家具，那時的母親是全世界最幸福的女人。家道中落後——父親失業，母親必須掙錢養家，她在百貨公司擔任收銀員，伺候挑三揀四的顧客，此時的母親慨嘆命苦，自怨自艾，深信只要一個月沒薪水，就會淪落街頭成為拾荒女。

「她做了多年的收銀員，現在背常犯疼，但是她喜歡佛州的天氣以及那裡的朋友。我想母親應該是開心的。」我道。

「菲莉絲過得開心，很好。」佛恩道。

我也跟佛恩透露自己兄弟、堂表親、他們老婆與小孩的近況。所有生於佛恩入住奧羅拉療養院之前的後輩，佛恩記得每一個人的名字。獲悉十四歲的姪子叫達科塔，她忍不住被逗笑了。「達科塔。我有個姪子叫達科塔。」她重複了一遍又一遍。有時她會回頭往後瞧，一副不解與疑惑的表情。「我不知道自己人在哪兒，里．理查。」

佛恩已住院十四年，從來沒有人用她聽得懂的話告訴她，她現在的狀況與棲身之處。

我明白告訴她，她現在住在俄亥俄州的奧羅拉療養院，距離她小時候住處約半小時車程，距離她、祖母以及傑瑞在碧奇伍德（Beachwood）同住的公寓也很近。奧羅拉療養院和吉歐格湖（Geauga Lake）遊樂園位於同一條街上，佛恩童年時搭乘遊樂園的巨型雲霄飛車，驚恐不已。此外，療養院距離傑瑞長眠的橄欖山公墓只有兩英里。

「謝謝你，里．理查。感謝你告訴我，我現在人在哪裡。」

我替她點了另一根煙，她邊抽邊說這些年她孤零零一個人，非常想念母親、兄弟和傑瑞。她寫了六封信給俄亥俄州三位不同的州長，懇請他們讓她出院，但沒有一人回她信。

「我和囚犯沒兩樣。」她道。

「我跟你說，沒有人記得我的生日。親如哈利、帕吉也記不得，沒有一個人記得。十一月四日來來去去，沒有人打電話或寄卡片給我。」

一架飛機從頭頂飛過，佛恩抬頭看了一眼，隨即蜷縮了一下，彷彿擔心炸彈從天而降。我拿出三個小孩和愛犬皮皮的合照給她看。

「這是妳的孫姪子班傑明與諾亞，叫班傑明是為了紀念祖父班尼。還有這是妳的孫姪女，她叫卡洛琳，漂亮吧？這是皮皮，我們養的狗，牠比巴菲乖多了。」

「巴菲，我那隻壞狗。」她笑道。

佛恩接過照片，問我每個小孩的興趣。我告訴她，班與諾亞喜歡打棒球，也會拉小提琴。卡洛琳騎馬、彈鋼琴。她獲悉自己可以保留這張照片後，將照片緊握在胸前。

我非走不可了，否則會趕不上班機。

我跟快樂一起走了一哩路
她一路上叨絮個不停，
但我智慧毫無長進……

我簡直不敢相信自己的耳朵。佛恩竟然背出她在我三十三歲生日賀卡上所寫的詩句。不知她記不記得「這故事說來話長——將來我們再一起把它寫出來」。她的表現再一次讓我愣得說不出話來。

「好美的一首詩。」我道。「而妳的朗誦滿懷感情，非常感人。」

「謝謝你。」她道。

我真的該走了。這是我這輩子最奇特的經驗之一，此行的收穫遠超過抱著懺悔改過的初衷。我用佛恩聽得懂的話幫她了解自己現在的位置，而她也對我做了同樣的事。佛恩把我無私、關心親人的那一面激發了出來。這部分的我，和我疏離已久。

「我得走了。」我道，心想自己會盡快再回來這裡看她。

「你別走。」她說。

「我非走不可，不過我很快會再回來看妳，我保證。」

去奧羅拉探視佛恩之後，我只將此事告訴了妻子伊莉莎白、父母、弟弟以及叔叔帕吉。告訴父母，是希望他們知道佛恩還在世，也受到妥善照顧。告訴弟弟，希望他們有空去看看佛恩。告訴叔叔帕吉，希望他在生前至少能再見到妹妹一面。帕吉一九九一年動了換心手術，在我看來，他能活到今天，多虧老天借時間給他，不過我可能太自以為是了。

父親與叔叔的反應不如我預期的熱絡。兩人堅信去看她只會害了她。

父親在信裡寫道：「我沒想到你能找到佛恩，『因為崔娜語氣堅定強烈』，硬是不肯讓我知道佛恩的消息與下落，顯示我若去看佛恩，『對她有弊無利，尤其是心理層面』，這是根據院方『專業人士』的看法。」

他稱讚我找到佛恩，也去看了佛恩，但他也覺得探視佛恩到底是利是弊，有必要用更全面更客觀的方式看待。「我確信佛恩『打心底感受到你對她的好』，不過兒子啊，一如佛恩的精神醫師一再提醒我，切記別讓『同情心蒙蔽，以致看不清真相』。」

我覺得父親很可憐。身為佛恩的大哥，他一肩扛起接送佛恩進出精神病院的責任，遇到緊急狀況，也是他出面，就算三更半夜也得犧牲睡眠趕往處理。祖父母將照顧佛恩的責任委交給他，反而讓他成了佛恩發作時發飆出氣的對象。身為這個家的問題解決高手，他引以為榮，但是佛恩的問題之大，並非他這個大哥可以解決。

其實父親未全盤了解探視佛恩對我的意義。去看她並不只是為了她好，讓她知道有人關心她，同時亦是為了我好。我希望父親和我一樣深受感動，和我一樣感覺肩上重擔一掃而空，和我一樣有顆更溫柔更包容的心。

帕吉的電子郵件寫道：「這個家對不起佛恩。是你這個姪子讓我了解，我做人多麼失敗。上帝保佑你。誠如尚恩・漢納提（Sean Hannity）所言，『你是偉大的美國人。』」

過了一週，帕吉又寫了一封電郵。「現在既已知道佛恩的下落，我想去看她，告訴我該怎麼做。」

我把一些他該知道的事全告訴了他，包括該與誰聯絡、開車路線、可懷抱什麼期待等。我接著跟他說：「你見到她之後，請告訴我所有細節。」

他答應了。

六月底一個週日早上，我和叔叔在紐約州北部一家餐廳見面，一起喝咖啡。他身穿紫格子襯衫搭配燙得筆挺的卡其長褲。他雖然動了換心手術，外加多年來大小病痛不斷，不過氣色看起來相當不錯。

「怎麼樣？」我問他。

「的確，總算見到她了。」他道。

「有何感覺？」

「很奇妙。佛恩竟然有訪客，讓大家嚇了一跳。艾莉森叫來所有護士，跟大家說：『猜猜看這人是誰？他是佛恩的哥哥耶。』」

帕吉此行和我與佛恩相會時幾乎一模一樣。他與佛恩相擁，她會緊抱著他不放。他跟她透露家人的現況，一起追憶過往的時光。她坦言自己非常想念傑瑞與祖母雪莉，並問及帕吉的老婆茱蒂，帕吉說她也來了，就在會客室。他把茱蒂帶到佛恩的面前，佛恩說：「妳不用怕我。」說完，兩個女人互抱。佛恩告訴茱蒂，她是奧羅拉療養院唯一一位猶太教徒，恪守安息日的教規對她困難重重。帕吉和茱蒂離開時，佛恩以希伯來語「Shalom」和他們道別，此字意譯為嗨、再見、加油、平安等。

「聽起來你此行收穫頗豐，你見到她開心嗎？」我問。

「開心。」帕吉道。「這是我應該做而一直未做的事情之一。」

帕吉並未使用「未竟的功課」一詞，但他顯然跟我一樣，前往克利夫蘭是了卻一樁該做而未做的牽掛。

帕吉五十七歲心臟病發作，因為動脈嚴重受損，必須換心。動了心臟移植手術後，他重新拉近和克利夫蘭老家的關係，但不包括佛恩與哈利。祖母雪莉過世後，荏苒三十年，帕吉沒見過佛恩，跟哈利也僅說過兩次話，一次在祖母喪禮上，一次在芝加哥街角。兩人能夠巧遇，是靠我弟弟與帕吉的小孩撮合，但是過程不盡如人意。兩人一見面，帕吉問：「你過得好嗎？」

「很好。」父親道。

「嗯，你氣色不錯。」帕吉答道。然後兩人各搭計程車離去。

帕吉與我父親之間的芥蒂與過節，苦了我們兩家所有小孩。看到他們兄弟倆為過去恩怨激憤難平，一再漠視對方的存在，也拒提對方的名字。

帕吉見了佛恩深受感動，讓我勇氣倍增，斗膽問他是否願意再試一次，和父親見個面。我問：「既然你都願意去見佛恩了，想不想試試和哈利再見一面？」

他要嘛沒聽到我說的話，要嘛就是不想回應，但是我已成功地在他心中播下了一粒種子。

我回到紐約後，一個月至少和佛恩通信兩次，順便寄些東西給她。她十四年來沒收到任何信件與包裹。想到她把我最近寄去的一張愛犬皮皮與小孩的合照，秀給朋友與護士看，我就忍不住覺得好笑。紐約的姪子想她念她，讓她非常寬慰與得意。

八月，我二度造訪佛恩。自她告訴我，每年生日都是一個人過，沒人幫她慶生，我便開始籌劃辦個生日派對，讓她開心。我先向艾莉森請益，希望她給些意見，然後才開始張羅。「佛恩可以應付這麼多人的關心與祝福嗎？」我問。

「她會樂不可支。」艾莉森道。

佛恩的護士莎莉也熱心響應。只要佛恩缺什麼——例如一件全新禮服，她和老公約翰二話不說自掏腰包買給她。約翰也趁上次去中國出差，幫佛恩買了一雙山寨版的耐吉網球鞋，八號尺寸、以魔鬼氈取代鞋帶。莎莉說，佛恩可以套上襪子、穿運動胸罩、戴一頂全新的帽子。「她最愛紫色。」莎莉說。

「紫色？」我問。

「紫色代表皇室。佛恩告訴我，母親希望她長大能嫁入皇室當公主。」莎莉說。

佛恩常有驚人之舉，讓莎莉嘖嘖稱奇。莎莉送了一份琴譜給佛恩當耶誕禮物。「我知道佛恩只看得起難彈的曲目，所以我買了音符排列最複雜的琴譜給她。」莎莉特別喜歡聽佛恩講述她和祖父母同遊義大利與以色列的故事。「你知道佛恩能用義大利語從一數到十嗎？以及她的希伯來名字是阿蘭娜嗎？」她問我。

我不知道。

接著莎莉提出的要求讓我嚇一跳。「你和你的親戚有沒有她過去的照片？」

「有一些。」我道。

「能否把照片集結成冊送給她？」

和其他親戚一樣，我之前一直以為，回顧過去不利佛恩的身心，擔心回憶會刺激她、加重她的病情。不過莎莉透露：「佛恩非常自豪於她的過去、現在以及猶太人的身世。每次只要她出現幻影或幻聽、擔心害怕，我就想辦法轉移她的注意力，跟她聊聊過去美好的時光、彈鋼琴的模樣、會晤教宗的細節、全家族在她父母家聚餐的盛況。」

「我會和帕吉以及我的父母談談，看看能不能找到什麼照片給妳。」我說。

「謝謝你。」莎莉道。

回憶過去不見得會刺激佛恩；有莎莉這樣優秀的人照護，佛恩情緒平靜，不會失控。

佛恩在輪椅上激動地大喊：「我的姪子里．理查．克拉維茲來看我了。大家注意，這是我姪子。」

我問莎莉能否推佛恩到庭院。

「請便。」她道。

「容我抽根煙嗎？」佛恩問。

「沒問題，請求獲准。」莎莉道。

莎莉替她穿上防護背心時，佛恩對我眨眨眼，問我：「喜歡我的抽煙絨布夾克嗎？」

彷彿這是一件在巴黎為她量身訂製的高級服飾。

「很美，而且深具時尚感。」我道。

「深具時尚感。」她狀甚開心地重複我說的話。「我的抽煙夾克深具時尚感。」

我推著她的輪椅進入庭院。一到院子，只剩我們兩人時，佛恩頓時變得消沈。「我非常害怕，昨晚有個人想殺我。她拿著枕頭站在床邊俯視我，想要悶死我，我非常害怕。」

「你認得她是誰嗎？」我問。

「她身穿白衣，留著一頭金髮。我一尖叫，她就逃開了。她想殺我，里．理查你得救救我，帶我離開這裡。」

等她平靜下來，佛恩道出她心裡最大的恐懼：一個人孤零零地離開人世。「我希望自己嚥下最後一口氣時，有個人陪在身邊。」她輕聲細語對我道。「希望有人能握著我的手。」

我俯身，握著她的手，衷心希望在她大限時刻，有個人陪在她身邊。帕吉跟我說過，佛恩不在意後事怎麼辦，火葬也沒關係。但是這點令我不解，因為佛恩是猶太教徒，自亞伯拉罕以降，猶太教徒都指定土葬，希望入土於神聖的猶太公墓。

「妳希望怎麼安排**後事**？」我問她。

「我希望葬在傑瑞的旁邊。傑瑞生前買了兩個福地，編號一〇四A的位置給他，一〇四B的位置留給我。請將我葬在傑瑞的旁邊。」她說。

次日一早，我開車到橄欖山公墓，向管理員詢問傑瑞的墓地所在，我也問管理員：「他買了第二塊墓地嗎？」

佛恩的記憶正確無誤。「利特先生替自己買了一〇四A的位置，一〇四B的位置留給佛恩．達拉．利特。」他指著窗外說：「你看到那面旗幟嗎？沿著它旁邊的路走下去，走到一半時在一〇四排右轉。」

我照著他的指示，短短兩分鐘就找到傑瑞的墓地。墓碑上寫著：**傑瑞．夏爾．利特，一九二九—一九九一**。在他名字上面刻著：**親愛的丈夫。**佛恩應該滿意這樣的安排。

回到奧羅拉，看到佛恩與另一位盲眼病友瑪姬輕鬆愉快地你來我往。

「今天是土撥鼠日。」佛恩道。

「不對，今天是八月十六日，土撥鼠日在二月。」瑪姬反駁道。

「乾脆叫里．理查日。」佛恩見我走進庭院，提出此意見。「我姪子來看我了。瑪姬，見見我姪子里．理查。」

「嗨，年輕人。」我趨前跟她握手時，她道。「你來此之後，佛恩開心多了。」

佛恩偏愛女性雜誌，尤其是跟食譜相關的雜誌，所以我送她諸多最新一期的居家雜誌，包括《家庭天地》（*Family Circle*）、《女性家庭雜誌》（*Ladies' Home Journal*）、《美食誌》（*Bon Appétit*）等。

我跟佛恩說：「我今早先去了橄欖山公墓，找到傑瑞的墓地，而且妳猜怎麼著？妳說得一點也沒錯。」我掏出手機，開啟一系列相片給她看：橄欖山的入口、旗幟、傑瑞的墓碑和旁邊的空墓。「這是妳的位置，編號一〇四B，跟妳說的一模一樣。」

佛恩彎過身來擁抱我，「編號一〇四B，就像我說的。」

「就像妳說的。」

瑪姬心急地想轉移話題，打岔道：「佛恩今早彈了鋼琴，對不對啊，佛恩？」

「沒錯，我彈了德布西的〈月光〉、拉赫曼尼諾夫的〈第二號鋼琴協奏曲〉，以及〈我的猶太媽媽〉（My Yiddishe Mama）。」

「妳彈了〈我的猶太媽媽〉？那不是雪莉祖母最愛的曲子嗎？」

「的確。」然後她開始哼唱：「我今天的一切歸功於我那位上了年紀、白了頭髮的猶太媽媽，那位偉大的猶太媽媽。哦，尤塞，尤塞，啦，啦，啦……」

我從口袋掏出隨身錄音機，請她再唱一遍。等她唱完，請她再複誦一遍上次她念給我聽的詩句。「就是那首和快樂與悲傷同行的詩句。」我道。

佛恩坐直身子，清清喉嚨。「錄音機開了嗎？」她問。

「開了。」我道。

她一氣呵成無誤地將詩句念完，一如上次。

「好美的詩句，佛恩。」瑪姬道。「妳寫的嗎？」

「是的，」她得意道。「想聽我的新曲嗎？」佛恩問我們。

「那還用說。」我道。

彷若爵士女伶，佛恩開始彈指打拍子，搖頭晃腦唱著「我可愛性感，我孤孑寂寞，我需要刺激」，逗得瑪姬與剛加入的莎莉樂不可支。

我跟他們說，我剛錄下佛恩小時候唱給我聽的歌，「我想放給自己的小孩聽。」

「容我錄音嗎？」佛恩詢問莎莉。

「當然。」莎莉道。

「容我彈煙灰嗎？」

「悉聽尊便。」莎莉道，於是佛恩將煙灰輕彈到地上。

瑪姬插話打斷我們，發表她個人小小的意見。「老實說，我認為你應該邀請猶太拉比來這裡探視佛恩。我們其他人有牧師有神父，佛恩也應該有個拉比。」瑪姬是愛爾蘭裔，信奉天主教，有位親戚擔任主教。她指出：「佛恩是這裡唯一一位猶太教徒，應該讓她有機會和拉比見見面。」

我肯定她的提議，宣稱會努力安排。瑪姬對佛恩說：「妳的姪子愛妳，妳知道嗎？他真的愛妳。」

佛恩接著彈指哼唱另外一首歌。「哦，那位聖路易女子，珠光寶氣……那位聖路易女子，戴著鑽戒……橫刀奪愛搶走我的男人，憑著圍裙的繫帶。」

我請佛恩告訴孫姪女與孫姪子有關她愛犬的趣事。她趨前更靠近錄音機。

「嗨，寶貝們，我是姑婆，我養過巴菲、史基皮、普基、普多。巴菲習慣跳到餐桌偷吃東西、撕扯床單、偷信箱的信，有次郵差氣道：『叫那隻該死的狗離我遠點，否則我報警抓他。』」

佛恩唱了一曲又一曲，現場演唱會接近尾聲時，我心想，若父親能再次聽到妹妹唱歌，不知道會有多開心。

從八月中我去見了佛恩，至十一月初我打算再次去看她，這段期間對我深具意義。

八月底我邁入五十五歲大關，開車出去，隨處可見我這年齡的數字。時速五十五英里的速限標誌提醒我，我距離六十、七十、七十五、甚至八十歲已越來越近，這下我到底該計算自己還剩幾年好活？還是細數自己得到的福分？

我決定選擇後者。就在股市泡沫化崩盤之前，伊莉莎白和我出脫股票轉投資債券，也讓小孩改念公立學校。我答應擔任班傑明棒球校隊的教練，這差事讓我開心之至。伊莉莎白代言的一本書鼓勵美國人，出錢出力幫巴基斯坦的穆斯林女孩建造學校。整體而言，除了岳母罹患阿茲海默氏症，健康急速惡化之外，我們家還算過得去（多虧運氣好）。

我開始打理未竟的第一件功課，讓我心情大好，這可是我的一大福報。去年十月，我丟了工作，也丟了自信。對於自我與人生意志消沈、灰心喪氣。幾個月過去，我決定重新拴緊鬆脫的螺絲。我以佛恩拉開序幕，一來是因為我想念她，再者也希望讓她知道我對她念念不忘。四月，我找到了她，也找回一部分的自我。七月，帕吉去看了她，完成他自己未竟的一部分功課。而今，我將三度探視佛恩，準備替她辦個慶生派對。

我邀了父母、手足、崔娜、帕吉、堂親等參加佛恩的生日派對。多數人因為生病、住太遠、有事等，不克出席，不過不少人答應會寄禮物或卡片給佛恩。崔娜則負責蛋糕。

距離慶生派對還剩一週，我信守對莎莉的承諾，整理出一本佛恩的相簿，包括佛恩的童年照、參加我父母婚禮的倩影、跟著祖父母同遊以色列、希臘、羅馬的照片等。我到了克利夫蘭後，直奔販賣猶太物品的商店，買了一具九燭燈台、荷蘭阿姆斯特丹猶太博物館印製的二〇〇九年月曆、兩張猶太節日音樂光碟。

十一月四日早上，我開車到奧羅拉，行囊裝滿了生日禮物。十一點到達療養院，餐廳空無一人，但是餐廳隔壁，我看到溫馨的一幕。佛恩坐在桌前，四周被眾人包圍，包括艾莉森、莎莉、崔娜、崔娜的女兒蘿賓。崔娜帶來的蛋糕上寫著「生日快樂，佛恩」的祝福語。帕吉送了花，也把他女兒黛比與小孩的合照加了相框送她。佛恩動手拆禮物：崔娜送了件羽絨外套、運動胸罩；療養院職員送了雙運動鞋。佛恩在療養院的知交艾莉絲坐在她身旁，揮舞著紫色氣球。

我拿出光碟、月曆、九燭燈台，捧到佛恩面前。我說：「妳應該會喜歡這些東西。」然後把充滿回憶的相簿置於她桌前。

她低頭翻閱相簿時，我拍了一張佛恩被愛護她的眾親友包圍的照片。崔娜與蘿賓表示，每週會來看佛恩一次，我聽了非常開心。照猶太文化的說法，我履行了一項猶太教規

（mitzvah）。佛恩功課有了圓滿結局，讓我大受鼓舞，將繼續打理其他未竟的功課，也希望看看一趟又一趟的人生之旅會把自己帶向何處。

「該吹蛋糕蠟燭了。」崔娜道。蛋糕上插了六支大蠟燭與七支小蠟燭，慶祝佛恩六十七歲生日。我們跟佛恩一起吹熄蠟燭，然後把她推到鋼琴前。佛恩彈奏的第一首曲子是德布西的〈月光〉，雖然她和鋼琴聯袂走音，但是她的表現讓這首曲子成了我聽過最精彩的天籟。

大家圍著鋼琴而站，聽著佛恩彈奏一首又一首永不退燒的最愛曲子，〈我的猶太媽媽〉、以色列國歌〈希望〉。上次錄下她哼唱〈希望〉一曲時，她唱到一半就停了，直說「最高機密，最高機密」，彷彿這首歌會招致災厄，刺激一大票反猶太人傾巢而出，一如蛀蟲從木頭裡鑽出來。不過今天她將此曲一氣呵成彈完，結尾時高喊「Shalom」，大家也跟著高呼應和。

時間彷彿回到以前的週五夜，當時父母年輕美麗，我們一家人聚在祖父母美輪美奐的客廳，站在佛恩身後，聽著她彈琴，全家高唱〈攀爬高山〉、〈小白花〉、〈音樂之聲〉等電影《真善美》名曲，以及〈屋頂上的提琴手〉、〈天涯不獨行〉（You'll Never Walk Alone）、〈往昔時光〉。真希望此刻帕吉與父親在場。

妳說得沒錯，佛恩姑姑，故事說來話長，不過我們總算一起把它寫了出來。

第二章　我為你失去的感到悲傷

——慰問喪失愛女的好友

二〇〇七年一月十九日早上，在報紙上不經意地讀到一則讓我甚為難過的噩耗。在《紐約時報》第二版，緊臨標題「在伊拉克傳播民主的美國女孩遇害」，放了一張年輕、美麗且活力四射的女子照片。

光看她一眼心就淪陷，若我再年輕個十幾歲，一定追她。她留著妹妹頭，有一對湛藍眼眸，笑容可人。不難想像這位懷抱理想的熱血青年在戰亂蹂躪的伊拉克宣揚民主的模樣，但是一想到她遇害，實在讓人難以接受。

我細看她的名字，不禁心跳加速。安卓雅．帕哈莫維奇（Andrea Parhamovich）正是安德烈．帕哈莫維奇（Andre Parhamovich）的女兒。安德烈是當年我們棒球隊的明星右野手，我則擔任投手，球隊成功摘下俄亥俄州錦標賽冠軍。這段往事距今約四十年。球隊

「衝啊」（GO team）由克利夫蘭各地網羅而來的未來職棒之星組成，各個狂傲又粗魯，但安德烈例外，他在外野的接球表現神乎其技，打擊率也不錯，常擊出制勝球，但他為人謙虛，不會到處炫耀。安德烈不像其他球員，絕對不會為難或欺負像我這樣的年輕菜鳥。他全心專注於球賽，在場上匆匆穿梭，從球員休息區上場進入打擊位置，從一壘跑到二壘，從休息區站到右野手位置，興高采烈投入他喜愛的球賽。

那年夏天摘冠之後，我就沒再見過安德烈。不過獲悉照片裡二十八歲的女子是他女兒後，我整個人失控，不停地哭，彷彿是自己女兒被伊拉克遜尼派叛軍狙擊身亡。獲悉噩耗之前，我根本不知道安蒂（安卓雅的暱稱）的存在。祖母過世、九一一恐怖攻擊、一位友人被癌症啃噬，每件事都讓人傷心，而今又加上安蒂的死訊。坐下來想寫張卡片安慰安德烈，結果只想得到一堆推託的藉口，搞得自己心情更低落。我怎能對著失去摯女的友人說出「我很難過」？貿然影響他的心情挑起他的傷痛，此舉不是很自私嗎？搞不好安德烈根本不記得我是誰？

伊莉莎白無法接受我的推託之詞。「先寫再說，」她道。「然後把卡片寄出去，他會了解你的用心。」這是我妻子的經驗談。她的哥哥才正要展翅高飛，卻被酒駕的青少年撞死。伊莉莎白道出此言，也因為她了解我的毛病。「你總是找一堆藉口拖拖拉拉。」她道，同時列出當天我答應她的五件事，我卻一拖再拖，一事無成。

不過我還是寫不出慰問的話。不僅是愛拖拉的毛病，還有一個更大的陰影讓我遲遲無法動筆——死亡這隻巨獸。

接下來三天，不論是搭地鐵、看電視、工作、和孩子玩樂，或是夢周公之前，我腦海一再思索著該寫什麼安慰話，事後不是把草稿忘了，就是決定棄而不用。「親愛的安德烈：我不知道你還記不記得我……」「親愛的安德烈：當我獲悉安蒂的死訊……」「親愛的安德烈：距離上一次見面，距今已過了近四十年……」這些話，不是過於矯情就是太過虛應。

安蒂遇害的消息傳遍全世界。國家廣播公司新聞節目《今日秀》的主播安・克莉（Ann Curry）稱安蒂是「美國最佳表率」。凱莉・馬汀（Kellie Martin）在哥倫比亞廣播公司新聞節目中，稱安蒂的「血管裡似乎流著火箭燃料油，帶著她到處冒險，生命充滿意義」。

安蒂的雄心與格局之大，非俄亥俄州家鄉小鎮所能滿足。大學畢業後，她陸續受雇於麻薩諸塞州州長史威夫特（Jane Swift）、米拉麥克斯電影公司（Miramax Films）、立場自由的美國空中廣播電台（Air America）等。她的目標是成為白宮發言人以及進軍國會。

安蒂與《新聞週刊》派駐巴格達的特派員麥可．哈斯丁（Michael Hastings）即將步入禮堂，也正因為這樣，整件事更添悲劇色彩。他們原本打算在情人節飛奔到巴黎定終身。就在她死前幾天，她用電子郵件告知麥可她戒指的手圍。

在一次又一次的訪談裡，麥可形容安蒂「美麗、有趣、率性、聰穎、帶點瘋癲」。這也是其他人對安蒂的觀點。

安蒂的姊姊瑪西說：「這個小女生懷抱偉大夢想。」

安蒂是安德烈的寶貝。根據多家媒體報導，曾擔任棒球與足球教練的安德烈，只要聽到安蒂的名字，就崩潰大哭。在他們家門外舉行的記者會上，瑪西的老公喬伊說，安德烈想不透，為什麼三十個遜尼派叛軍會以滿腔的恨意以及致人於死的火力，攻擊愛好和平的寶貝女兒。整場記者會，安德烈站在後排哭個不停，低頭不語。

獲悉安蒂不幸遇害後，我傷心難過。但是她遇劫至今十八個月，為什麼給安德烈寫張慰問卡，依舊被列為未竟的功課之一呢？

一來我有諸多疑慮，再者就是我習慣拖拉的毛病。我擔心自己應付不來友人的傷痛，擔心自己過於莽撞或自以為是。不過最主要還是因為每天疲於應付的壓力，只好將要事擱置於一旁。

獲悉安蒂死訊，接下來一整週，我的思緒離不開安蒂與安德烈，但是當時我自己也面臨「危機」，自顧不暇。

我記得，有天下午我被叫到雜誌社發行人的辦公室，他遞給我一份手稿，是他朋友生平第一次寫的稿。「明天早上之前完成校訂與編輯。」他一邊交代我，一邊抓著自己的公事包與外套，急著下班去趕搭火車。「這會是一篇傑作，否則我不會請你代勞。記住哦，他可不是搖筆桿的。」他說這話時，電梯門在我眼前緩緩闔上，我知道接下來六小時，我得不眠不休地修改這篇永遠見不了光的稿子。週五我雖可準時對老闆交差，但他一個勁兒想幫朋友忙的初衷，到時候可能完全退燒。

又到了週一下午，美編主任衝到我辦公室（每週一下午都是如此），指責我害雜誌無法如期出刊（在他眼裡我就是害群之馬）。「美編沒拿到標題，」他吼道。「少了標題，他們沒法進行後續作業。」編輯也陸續跑來抱怨，稱美編主任急著要標題的稿子最後期限是兩週後，既然他們還沒看過稿子，叫他們如何下標題？

還有一堆有的沒的突發事故：要怎麼樣才能及時趕到市區欣賞卡洛琳的鋼琴演奏？屋

子會灌冷風：到底要不要在起居室的窗戶加貼塑膠膜？購買的牙齒保險會給付諾亞的牙套嗎？如否，我們需要向銀行借貸嗎？

這些危機，有時是個案，有時是接二連三，讓我應接不暇，以致無法好好寫封慰問卡給安德烈。這是每個現代人的困境：現代社會充滿各種壓力與讓人分心的心煩事，大家幾乎找不出時間處理人生最重要的課題——這裡我要面對的是死亡與垂死，向受苦的親友表達關心。這封慰問卡掉到待辦事項的最後一名，直到我丟了飯碗才開始正視它，決定全力以赴完成這項未竟功課。

二〇〇八年六月十七日，我終於在紐約一家夜總會見到久違的安德烈，距離他女兒過世已一年半。這期間，我女兒卡洛琳進入了青春期，學會了電子郵件，也在六月中這一週參加學弟妹在學校（她自幼稚園便一直就讀該校）為她舉辦的歡送派對。她對新學校滿懷期待，「這樣我就可以交更多朋友，擴建電子郵件的聯絡人名單。」她道。不過不知怎地，她臉上一貫的燦容與開朗的個性，突然間走了味變了調。在歡送她的派對上，兩個她最要好的朋友對於沒受邀在她的畢業紀念冊上簽名耿耿於懷，並為此大作文章。無憂無慮的女兒自此愁容滿面。

釐清事情的來龍去脈並不難：卡洛琳的朋友以為她去念其他學校，是想丟下他們不管；而卡洛琳面對新環境，其實緊張甚於開心，只是她羞於承認。伊莉莎白和我知道，事情一旦說破，可能會更糟，所以我們保持緘默，心想過幾天就好了。當我走進俱樂部的咖啡廳，不禁自問：「女兒的痛，為父的我會不顧一切全力承擔；我若是安德烈，不知會怎樣？」

俱樂部裡名流穿梭，活動熱鬧進行著。當天是安蒂三十歲生日，安德烈一家人在這天為「安蒂基金會」舉辦義演，募款提供獎學金與實習機會給有心在政壇或媒體發展事業的年輕女性。

不難在不乏藝術家與活躍分子的人群中找到安德烈。他一個人，臉色蒼白、中廣身材、五十多歲，孤零零地坐在後頭，駄著背低頭看著自己交疊的雙手。

我中學女友三十二歲時因車禍喪生，我們一群原本趕來參加她婚禮的親友，最後參加的卻是她的喪禮。當棺木緩降至墓穴時，她父親的表情，我至今難忘：虛脫、空茫、不見任何喜怒哀樂。顯然回不去正常的生活了。

這恰恰是安德烈獨坐桌前的表情，傷心欲絕。

我穿過咖啡廳，走到他面前，輕拍他的肩膀。

「嗨，安德烈，我是里．克拉維茲，以前大家都叫我里奇。」

「里奇．克拉維茲。我記得你，衝啊球隊的投手，快速球讓人印象深刻。」他道，未抬頭看我。「謝謝你來參加義演。」

「我帶了一樣東西給你。」是我們球隊參加錦標賽期間，我從報紙剪下的一篇報導，日期是一九六九年七月三十一日，標題是：「衝啊」贏得康尼麥克（CONNIE MACK）芳心。

安德烈大聲念出文章：「衝啊在棒球圈可是響叮噹的球隊，裡面人才濟濟。畢業生包括本季美國職棒大聯盟全明星賽的三壘手塞爾．班多（Sal Bando），他目前隸屬奧克蘭運動家隊。

「這裡說，我們在那季二十五場賽事中打贏了二十四場。」他接著道：「了不起，真是了不起。」

安德烈看著球隊的合照，指著站在球隊中間的男子道：「這個不折不扣的狠心混蛋。」他皺著眉道。

教練瑞奇是衝啊的經理，作風獨裁霸道。一臉心懷不軌的壞笑、眼神鬼鬼祟祟、滿腦子疑神疑鬼、充滿算計。若練球遲到，就算只有一分鐘，他也會罰你跑十圈。若他見你從停車場一路散步而非全速衝刺到球場，你就等著被球隊除名。

誰要敢弄錯瑞奇設計的暗號，等於是向天借膽。他是全美唯一用彩色硬紙板代替比手畫腳的棒球教練。他站在三壘指導教練區，彷彿海軍負責通訊的官兵，依序亮出紅、藍、綠、藍、藍等彩色紙板，代表等投手投出第三球時，可以盜壘。若亮出紅、紅、藍、綠、紅，代表短打加盜壘。若你跳針或弄錯暗號，接下來的比賽他會不斷對著你大吼大叫，把土踢到你臉上，弄得你灰頭土臉。

那年夏天表現最好的一場球賽裡，我連續三振九位打者，包括麥克・伊斯勒（Mike Easler），他後來轉戰職棒，陸續效勞於匹茲堡「海盜隊」、波士頓「紅襪隊」與紐約「洋基隊」。在告別球場的最後一場比賽裡，我振臂投出一個變化球，結果受了傷，不得不結束投手生涯。我已經夠消沈了，但瑞奇的反應讓我心灰到極點。他叫我脫下球衣，讓一位才被他徵召加入球隊的球員穿上。剩下的比賽，我只能枯坐在板凳上，穿著那位球員鬆垮的便服。

我把這段回憶拿出來和安德烈分享，他也回贈一段他和瑞奇之間的過節。「在州錦標賽上，兩好三壞的情況下，我擊出制勝的一球，結果你猜那兔崽子怎麼謝我？他竟然叫我坐冷板凳。」

此時，義演活動熱鬧展開。美國空中廣播電台主播瑞秋・麥朵（Rachel Maddow）透露，安蒂擅長發揮她小鎮女孩的魅力，讓電台每一個人，包括艾爾・法蘭肯（Al Franken）在內，莫不對她言聽計從，此話一出，台下來賓報以會心一笑。安蒂的兩個外甥女——艾比與凱拉，對這位阿姨念念不忘，言談間彷彿安蒂還在世，會陪她們一起玩、幫她們編辮子。主播安・克莉指出，伊拉克戰爭如火如荼，安蒂一家人的犧牲與苦痛，代表許多美國家庭的遭遇。一旁的安德烈表情益發憂鬱消沈，一味低頭看著自己的雙手。

為了逗他開心，我把之前透過網路查到的隊友現況告訴他。我透過網路搜尋引擎谷歌，想知道「衝啊」的隊友是否過得精彩。結果是肯定的。其中五人簽約加入職棒大聯盟，四個擔任過球隊教練，一個做過裁判。

至於轉換跑道不再打棒球的隊員，似乎也有不錯的發展。「衝啊」明星投手艾爾・茲代薩爾（Al Zdesar）成了大學足球隊裁判；打擊王湯姆・狄布金斯基（Tom Dybzinski）改當郵差。

「湯姆的哥哥傑瑞是不是替白襪隊效勞打進一九八四美國聯盟錦標賽的那位，他跑過二壘壘包時被判出局，球隊因而吃了敗仗，那個人是不是他？」

「沒錯，就是他。」我道。「你一定猜不到麥克．賈斯基（Mike Gaski）現在的頭銜。」麥克在「衝啊」的表現平平，不足為奇。「麥克．賈斯基現在是北卡羅萊納大學葛林斯巴洛分校（Greensboro）的總教練，也是美國棒球總會會長。」

「怎麼可能。」安德烈道。

「麥克率領美國國家代表隊參加奧運，他的兒子麥特（Matt）今年選秀時，被聖地牙哥『教士』隊簽走。」

「好厲害，」安德烈再道。

顯然這些不請自來、半強迫推銷的八卦消息，成功轉換了安德烈的心情，不過德州歌手兼作曲家凱麗．羅莉桂（Carrie Rodriguez）的爵士鄉村樂也功不可沒，安德烈開心地用腳跟著打拍子。

凱麗與樂團演唱〈聖彼得〉（St. Peter's）作為壓軸。「這首歌是為我的一位朋友而寫，他因為騎腳踏車不幸摔死，他也叫安帝。」她道。

接著她開口唱：

至今尚不滿一年
時間匆匆，一去不返
我過得還好
只不過偶爾需要協助。

我看著安德烈。他的腳止住不動，全身發抖。他過得一點也不好，未來會不會改善，誰也不知道。

我搭地鐵往北到一一〇街，心裡想著安德烈。說不出原因，找不到理由，但就是覺得兩人之間那種親如兄弟的關係開始生根萌芽。說來奇怪，安德烈明明已情緒崩潰，但是我們竟能遠離傷痛，一路只談論棒球。

「事情怎麼樣？」我回到家，伊莉莎白問我。

「我們談著棒球。我並沒有安慰他，我們甚至連安蒂的名字都沒提。」

「你對這趟有何感覺？」

「很好。我說不上來為什麼，但我覺得自己和安德烈似乎更惺惺相惜。」

「你們給了對方需要的東西。」伊莉莎白道。

「或許吧。」我說。

次日，我寫信給安德烈，他心裡應該有數我會跟他說什麼。

親愛的安德烈：

慈善義演會上和你促膝長談，我覺得非常榮幸與開心。當初從報上讀到你女兒安蒂遇難的噩耗，我難過傷心了好幾天。我一直想跟你聯絡，但不知你還記不記得我，接著就忙於生活與雜誌社的工作，你的事遂一直擱置至今。所以這次能參加紀念你女兒的義演會，對我至為重要。

寄出這封電子郵件後，才過了短短幾小時，便收到安德烈流露真情的短箋，想必是義賣會結束後立刻動筆寫的。

嗨，里：很開心跟你聊天！因為你，情緒才未失控，因為你，我才能樂觀積極地撐過整晚。

安德烈在信尾「樂在運動中」的一句話，觸動我的心弦，害我心情不由自主地起伏盪漾。

會被這句話挑動，是因父親深信，少了運動，人生是黑白的（sports is the be-all and end-all）。他奉運動為偉大的老師與鞭策者。我記得五歲時，他朝高空用力丟了一顆球，高度約十英尺，我的頭被落下的球打個正著。我痛得大哭，他卻說：「兒子啊，這點痛算什麼。」害我哭得更厲害。在父親哈利眼中，痛可以淬煉人格與特質。

就連冷血成性的瑞奇教練，也看不慣父親過度干預我的運動生涯。每次為「衝啊」站在投手丘位置，父親一定站在擋球網後面，對我比手畫腳，指揮我投球。若我沒有乖乖聽他的話，投出他要的外角滑球，反而自作主張投出快速球，讓打者揮出安打，他就跟個廣播電台一樣，轉身對群眾發表高論，說他有多神，而我有多笨。「看吧，他早該聽我的，應該投滑球才是。」

有次比賽，父親一直下指導棋，要我投「必殺球」，也就是曲球，我被他弄得心神不寧，最後他被教練趕出球場，接下來的比賽與球季，他被迫待在停車場遠距離觀戰，不過這無礙於父親的決心。每次我上場投球，觀眾只要朝停車場一瞧，就會看見他坐在雪佛蘭汽車引擎蓋上，對我比手畫腳，示意我投必殺球，我若不聽他指揮，他就搖頭，嗤之以鼻。

安德烈在那時就認識了父親，也了解比賽期間，父親對我和其他隊員造成的壓力。安蒂基金會的慈善義演落幕後，我和安德烈開始互通電子郵件，我把父親寄給我的一封電子郵件轉寄給他看。促使父親動筆寫這封信的背景如下：班（傑明）成功了，獲選為全明星隊隊員之一，不過球賽要等到球季結束兩週之後才開打。我父親人雖遠在一千兩百英里之外的佛羅里達，但是他對孫子在球場的表現可是非常掛心，擔心他不夠靈活。

所以他寫信交代：

在這段「等待上場的空檔」，你絕不可讓班傑明「鬆懈贏球的企圖心」。一，只要「沒下雨」，你得叫他做「體能訓練操」，也別忘了加強「防守練習」。二，你得讓他的「身心保持放鬆狀態」，好讓他上場時「對自己深具信心」，不被「敵隊有多厲害的小道消息亂了軍心與士氣」。三，這是班傑明進入「運動比賽真實世界」的「初體驗」，靠冷靜頭腦在這次難得的經驗中發光發熱，對其「至為重要」。

老實說，我對父親這封電郵打從心底反感，認為他故態復萌，又想對我下達投「必殺球」的指導棋，只不過這次他人在一千兩百英里之外。我認為，他想逼我對兒子施壓，一如當初他對我的鞭策，我對他這種強勢作風非常反感，直覺認為，安德烈應該跟我站在同一陣線。

「哇！你父親果真是十足的棒球迷。」安德烈回信道。不過他並未隨我起舞，對父親走火入魔的行為冷嘲熱諷。他寫道：「我打包票，他看到**你**擔任球隊教練，一定非常開心。」這是安德烈首次對我吐露他的看法與洞見，彷若棒喝，讓我重新思考自己對父親、世界與自我的看法。

其實我一直想擔任班傑明球隊的教練，不過礙於兩個理由，遲遲不敢答應。第一，我任職出版界，不希望一股腦栽進被外人視為和我專職格格不入的活動。其次，我非常明白，身兼兒子父親與教練的後遺症。我父親也許稱得上是棒球高手或奇才，但是隊友和我總覺得，他要嘛對我特別好，要嘛對我特別兇，不管哪一種，對我都是負擔。

我反覆思考安德烈的建議，越想越覺得自己的理由站不住腳。一，我失業已七個多月，所以沒有工作與興趣衝突的問題。二，兒子有實力，不怕被操；若一開始讓他負責游擊手位置，沒人敢說我偏袒他。

我決定擔任班傑明球隊的教練。

親愛的安德烈：

多虧你的鼓勵，我加入了十一歲小將組成的球隊，擔任他們的經理。新官上任三把火，我期待全新的挑戰，但是有些例行練習，我忘了怎麼做。我需要一些複習動作和賽前暖身操，提升球員的專注力以及對棒球的熱情。你能幫幫我嗎？

他回信道：

嗨，里，看了你的電郵，我笑了。其實安蒂過世之後，我鮮少露出笑容。我非常樂意傳授你一些練習操和暖身操。

那個禮拜，我飛到克利夫蘭。

安蒂生前的死黨潔咪預計在同一天飛抵克利夫蘭，所以我跟她約在機場碰面，再載她到培利（Perry）。她戴了副時髦眼鏡，穿了件及地長裙，腳踝有刺青，腳趿涼鞋，集紐約職業女郎、狂野少女、丟了魂的女人於一身。我在提領行李的轉檯跟她會合，她似乎心不在焉，彷彿人到心未到。

「安蒂是我的死黨……永遠都是。」她道，當時我們往東開上州際九十號公路，穿過克利夫蘭市中心，再沿著伊利湖而行。她和安蒂無所不談，除了政治、男友，也會講一些讓美國空中廣播電台同事覺得不可思議的話題，諸如天使，以及她和安蒂在前世至少當了四輩子的姊妹。她們深信，人有靈魂，死後會和心愛的人繼續溝通。

「我們不停地想像死後的世界，沒想到安蒂現在已在另一個世界，毫無預警。」潔咪諷道。車子在州際九十號公路上飛馳，沿途速食店、修車廠漸被玉米田取代。「我記得好幾次心裡突然冒出一種預感，覺得安蒂可能不久於人世。她為人勇敢、無懼、善良。有時我可以透過一些跡象，感覺她在天上守護我，或者想靠我近一點。」

潔咪到培利協助安德烈與他的妻子薇琪，替他們快滿九歲的孫女艾比辦生日派對。安蒂生前常從外地帶禮物給艾比與艾比的姊姊凱拉。艾比與凱拉漸長，安蒂若在世，一定會是體貼的阿姨，傾聽她們的傷心事與夢想，鼓勵她們活得精彩。而今這角色由潔咪瓜代。

我了解潔咪的感受。九一一恐怖攻擊之後，我的一位摯友菲爾（Phil）因為胃癌過世，證實罹癌之前，他飽受病痛折磨，活得毫無尊嚴。伊莉莎白和我從未告訴菲爾實情，但是一旦知道他來日無多後，我們夫妻打定主意，今後一定要好好照顧他的妻子與三個小孩，藉此牢記他的往事與精神。這是讓他長存我們心中以及面對他即將離去的辦法之一。

而今菲爾的孩子漸長，我總是很遺憾，菲爾無法親眼目睹自己的基因在其他分身發光發熱。我心想，不知潔咪看到艾比與凱拉（她稱兩人是迷你版安蒂），會不會傷心難過。

「完全不會。」潔咪道。「我偶爾會害怕看到安德烈與薇琪。悲傷有比較性與競爭性。若你愛一個人，像我愛安蒂那麼刻骨銘心，你難以想像，還有誰比我更傷心、更難過。

「我以前看不慣安德烈與薇琪傷心欲絕的模樣，現在才漸漸釋懷。因為我想通了，知道我們各自以自己的方式走過憂傷，我現在比以前自在，既能安慰他們，也能接受他們的安慰。」

距離培利還剩一英里，兩個巨大白塔映入眼簾。巨塔外觀像沙漏，不斷冒出白煙，我不由自主地想到紐約世貿中心的雙子星。在「九一一」之前，雙子星主宰了紐約的天際線，而這兩座如陰影籠罩培利的巨塔，和周遭環境顯得格格不入，彷若墜毀插在玉米田的火箭。

「就是它們。」潔咪見到白塔時道。我記得安德烈當初決定搬到培利，就是看在這兩個突兀的建體上。由於核電工程會製造核廢料，因此興建之初，引爆當地示威抗議潮，登上全國電視網的晚間新聞。為了釋出善意，俄亥俄州政府撥了數百萬美元補助培利的公立學校，因此當地學校的教學品質在全國數一數二。安德烈不願意和核電廠當鄰居，但是看在小孩教育的分上，到底是續留在佩恩斯維爾（Painesville），讓小孩接受二流的教育？抑或是搬到培利？孰優孰劣，答案呼之欲出。

車子右轉，開上湯萊恩路（Townline Road），這條路將培利與麥迪遜鎮（Madison）一分為二。車子在岔路繼續右轉，開往培利。沿路是一大片花圃，佔地數百英畝。我將車子左轉，開進一棟木造農舍的車道，帕哈莫維奇祖孫三代將車子團團圍住，熱情相迎。安德烈與薇琪，女兒瑪西與女婿喬，兩個外孫女艾比與凱拉興匆匆地和潔咪相擁。我還來不及打招呼，安德烈就扯著我的手臂把我拉到院子，「我們辦正事吧。」他道。

接下來兩個小時，安德烈教了我賽前暖身操，守備練習，以及各種加強打擊技巧的小撇步。他動用了威浮球（Wiffle balls，一種改良過的棒球）、細長球棒（Fungo Bats）、塑膠製高爾夫球等道具。艾比與凱拉想加入，但被他噓聲趕走。

安德烈「心無旁騖、全神貫注」，這點在餐桌上亦一覽無遺。他對啥都沒興趣，似乎只想談論棒球，並抱怨當下的年輕人欠缺工作倫理。

潔咪與一家人一味遷就安德烈，刻意避提安蒂，以免他傷心。看來我的朋友雖精通棒球，處理感情卻是一團糟，這點讓我非常難過。我無法想像，萬一哪天我的小孩因故離開人世，不知自己會崩潰心碎到什麼程度。

返回紐約後，我立刻動手準備球隊的第一堂練習課。我要球員清楚知道迅捷、保持警覺、發揮最大實力的重要性。基本功絕對要加強，務必盡全力贏球，因為贏球比輸球過癮多了。我在班傑明與卡洛琳面前，誇張地演練一遍，他們喜歡我列出的重點，但是提醒我遣詞用字要更精準，臉也要多點笑容。班傑明一語道出重點：「別做第二個爺爺。」

「我很緊張。」我寫信給安德烈道。

「你緊張是因你指導的對象包括自己的小孩。當初我教自己小孩打球時，感受跟你一樣。你在意其他球員以及他們的父母怎麼看你，所以你對自己的小孩特別兇，這麼做不會有任何好處，只要一視同仁即可。」安德烈回信道。

第一場比賽結束，我們以五比一贏了萊因貝克隊（Rhinebeck），我寫了封信，向安德烈仔細報告經過。「我隊的投手表現出色，但是打擊一團糟。」第二場比賽表現失色，我隊輸了。「我知道這只是小聯盟的比賽，但是我依舊沮喪消沈。」我寫信給安德烈道。

「這是人性。」他回信道。「不管你指導的是哪一級球隊，只要輸球，你總覺得是你害的。別讓輸球磨掉（consume）你的鬥志。」

不過輸球的確磨掉我不少時間。我花了兩個小時整理前兩場球賽每一個相關數據，包括得分、打點、長打率、上壘率、三振／保送比，彷彿這些數據像茶葉一樣，可以透露未來贏球之路。

其中一個數據尤其突出。前兩場比賽，我隊球員共被三振二十九次，平均每局將近二．五次。照班傑明與諾亞的說法，我們遜斃了。

我寫信給安德烈，提出自己的看法——最佳打者揮棒太用力，最遜打者完全不揮棒，希望他給我一些意見。

他回信道：

猛揮棒的選手似乎想把球打扁，問問他們：「哪件事比較重要：用力揮棒，卻棒棒落空？還是觸及到來球，揮棒成功？」

至於第二個問題，打者不敢勇於揮棒，是因為害怕。提醒他們靠近本壘板，微抬腳跟，重心放在「腳底前掌」。你務必要把話說清楚講明白，免得他們老是抓不到重點。

我們以二十五比五打贏波基普西隊（Poughkeepsie）。見球就揮的球員，這次終於觸及到來球，揮棒成功；面對來球遲遲不敢揮棒的打者，這次終於出手，勉強擊出一壘安打。大家心情都非常興奮。只有一位球員嚴重失常，他是球隊的先發投手。我發現他每投出一球，就看著場外的父親，彷彿等著挨罵。「我該怎麼辦？」我寫信向安德烈求教。

「不斷讚美他、替他打氣。」他寫道，而這完全和我（哈利的兒子）目前的做法背道而馳。

不久我和安德烈成了莫逆之交。我寫給他的電子郵件超過其他任何一位朋友，每天我和他就兒子球隊的諸多問題互換訊息與經驗，一點一滴累積智慧。兩人靠棒球建立的換帖感情，讓我鼓足勇氣探索那塊我們避而不談的深層問題：安蒂之死。「現在有沒有覺得好過些？我很想知道。」我寫道。他回信道，他和薇琪交換了心得，想和我分享他們對喪親之痛的感想，我立刻訂了機票飛往克利夫蘭。

我和他們約在瑪西家碰面，然後陪他們走到附近的公園，遙望伊利湖。「這地方對我來說非常特別。」安德烈道。「我每天都來這裡報到，一個人坐在這裡沈思，也和安蒂說說話。」他輕聲道。

安德烈這番告白讓我始料未及。我們兩人互通電子郵件已五個多月，他幾乎沒提過一次女兒的名字，直到現在才發現，原來他每天都在這裡和安蒂說話，享受潔咪與薇琪所謂的「與安蒂有約」（Andi moments），這種交會非理性所能解釋，但是讓潔咪與薇琪兩人喜出望外。

「你絕對不會相信這個。」他道，拉著我到面湖的一張長椅。「幾週之前，公園說我可以指定一張長椅紀念安蒂，但我不知道該選哪一張椅子，也不知哪棵樹下的椅子比較好，結果把自己搞得神經兮兮。

「你猜怎麼著？」他指著一個幾不可見的字給我看。「不對，你再看清楚點。」他要求道。我看到椅子上以藍墨刻了一個字，寫著「安卓雅」，是安蒂登記在出生證明上的名字。「我完全不知道是誰刻的，」他道。「不過我相信安蒂一定跟這脫不了關係，安蒂與她的天使一定有份。」

他之所以這麼篤定，是因九月某個烏雲天，他一個人到公園，感嘆自己是人生的手下敗將，萬念俱灰。此時陽光突然破雲而出，讓他全身被「難以形容」的溫煦感包圍。他坦言：「那種感覺綜合了滿足、喜悅，安詳、平靜於一體。薇琪認為這是安蒂給我的愛的抱抱，我倒覺得這是安蒂對我說：『爹地，別擔心，我在這裡，我過得很好。』」

這不代表痛苦或憤怒已成過去式。安德烈若與狙擊安蒂的三十個遜尼派叛軍狹路相逢，可能會勒死他們洩憤。

我很想知道，安蒂遇害後，安德烈是否怪罪下令出兵伊拉克的那個人？是否不滿小布希？

「不會，」安德烈道。「這是安蒂的選擇，她很清楚自己會遇到什麼危險。」

那麼上帝呢？篤信天主教的安德烈會怪罪或質疑上帝嗎？

「我會。」

他曾和上帝有番對談，就在距我們目前所在位置不到十英尺處。「就在那棵樹的前面，我仰天大喊：『祢為什麼這麼對我？』然後腦裡浮現一個聲音，『安德烈，我並未棄你不顧，我一直在你身邊。』」

這個聲音讓安德烈平靜了兩三個月。我來訪的前一週，他再度對上帝失去信心，當時他參加親戚的婚禮，結果中途從教堂奪門而出。「新娘跟安蒂一樣留著一頭金髮。」他道。「看到她步上紅毯，我不禁想到安蒂計畫和麥可在情人節當天於巴黎完婚，我難過地受不了，所以奪門而出，跪倒在地上，對著祂大喊：『上帝，祢帶走我的女兒，我寶貝的女兒，為什麼？為什麼？』

「然後我再次聽到那個聲音，祂說：『你們要先求祂的國，求祂的義，這些東西到時都要加給你們。』我答道：『我不要祢的財富，我要女兒活著。』」

面對女兒遇害，薇琪的反應不像安德烈強烈，可能是天性與生活使然。「安蒂死後，我有一家子要照顧，我必須堅強，我得照顧安德烈、瑪西，與兩個兒子。當時兩個兒子才十七歲。」她道。「他們可能輟學、染上毒癮、甚至自殺，因為他們不想面對安蒂的死訊。我必須夜以繼日陪著他們，絕不能崩潰。」

薇琪力勸安德烈與兩個兒子找專家諮商治療，一勸再勸，終於讓他們點頭付諸行動。安德烈三不五時對上帝發火，反觀薇琪則展開雙臂擁抱祂。

「所幸我篤信上帝，否則不可能如此堅強。」她道。「不過老實說，現在我和安蒂交談的頻率超過上帝，一講就是一天。

「現在安蒂叫我們該回瑪西家吃晚飯了。」

我們走回停車場時，安德烈跟我透露，他非常想到伊拉克一趟。「我希望將來戰爭結束，能和麥可一起前往巴格達，我打算在一月十七日安蒂遇害這天抵達，以未受保護的自由美國人身分，站在她遭殺害的街角，讓大家知道安蒂的犧牲並非於事無補。」

薇琪呢？

「若戰爭終有結束的一天，我會待在家裡。」她道。「親炙安蒂遇害之地，只會徒增傷心。唯一的安慰是寶貝女兒生前夠堅強、夠自信，堅持走自己選擇的路。安德烈念念不忘他的寶貝女兒，我放不下的是安蒂生前未竟的事業。」

每次搭機，往往在起飛時刻，心想：萬一我死於空難，妻子與小孩怎麼辦？一想到就坐立不安，心情七上八下，不得不趕緊繫上安全帶，深呼吸一口氣。

這次搭機從克利夫蘭飛往紐約，照例在起飛時，想到意外身亡的可能性，不過這次擔心的並非自己可能死於空難，而是班、諾亞、卡洛琳在我搭機時萬一遇害怎麼辦？一想到有可能失去比我性命還重要的寶貝子女，我就忍不住悲從中來，直到回到家看到自己小孩，才放下心裡石頭。「爹地，爹地，你有沒有買禮物給我們？」

次日我收到安德烈的來信，寫道：「請打開附件，這封信對我意義重大。」這是聯邦參議員喬治．沃伊諾維奇（George Voinovich）在安蒂死後寫的信。他和老婆以過來人身分，表達他們的喪親之痛。一九七九年，他當選克利夫蘭市長之前一個月，他們九歲的女兒莫莉（Molly）被一輛廂型車輾斃。

沃伊諾維奇寫道：「我們清楚知道，你會有段苦日子要過，才能慢慢消化並調適失去安蒂之苦。珍妮特和我至今尚未完全走出喪女之痛，往往突如其來，毫無預警，記憶就像潮水湧了上來。你可能萬念俱灰，連一天也撐不下去，不過相信我，你一定挺得過去。」

為什麼參議員這封來信對安德烈如此重要？

「每次覺得自己走不下去時，我就會想到那句話，『相信我，你一定挺得過去。』」

過了數日，安德烈告訴我，他參加的喪親輔導班（bereavement group）裡，有位女子的長子五年前因為車禍喪生。「她慢慢學著適應沒有長子的生活，你猜怎麼著？她的幼子竟也死於輪下。我真是為她感到難過。我已自怨自艾了好幾個禮拜，現在我決定喊停。只要我們環顧這個房間——或是任何一個房間，一定能發現有人問題比我們更大，或是過得比我們更苦，所以何須抱怨？」

之前幾個月，安德烈一再為他的苦、他的痛尋找答案，看來他已找到解藥。

「為了一個小孩，你哀痛逾恆，彷彿泅游於苦海。」他解釋道。「有時你跟苦海處於同一個水平，有時在苦海之上，不過多半被苦海淹沒，不斷掙扎地想喘口氣，唯有靠他人的良善與愛心，始能脫離苦海。」

世上若有離悲救苦的特效藥，照安德烈的經驗，除了他人對你展現的慈悲以及你對他人展現的愛心（compassion），沒有其他解藥。

英國詩人華茲華斯寫道：

> 善人一生的精髓在於
> 微不足道、不為人知、不求回報的義舉與愛心。

我失業之後，不乏善心人士對我發揮愛心與同理心。有一陣子，我對自我身分與價值有強烈的失落感，覺得自己遭人踐踏，毫無尊嚴可言，原本稱兄道弟的同仁與友人棄我如敝屣，避之唯恐不及——彷彿我們之間的關係完全建立在我能為他們做什麼。所幸還有一些人，對我心存感激，並祝我一切順利。一個幾乎不認識的好心人主動幫我打包。另一個人幫我轉檔電腦裡的聯絡人名單與其他我覺得有用的文件。種種義舉讓我大受感動。跟安德烈一樣，我對這些人心存感激，更樂於對他人伸出援手，付出我的「精髓」。

安德烈無法回復完全沒事的狀態。他這後半輩子除了得和憂鬱交戰、和上帝爭辯之外，也不時質疑人生的意義。有時他會對薇琪與孫子發飆，事後反省才發現，害他失控動怒的元兇並非他們，而是再也見不到安蒂這件事實。

喪女之痛讓安德烈身心俱疲，不過同時也讓他變得更善良、更慈悲。

最近他常提到一個男孩，這男孩叫喬許，目前念小一，是他體育課的學生。喬許的弟弟一年前因細菌感染過世，一年下來，喬許看起來並無任何異狀，不過幾週前，他開始在課堂上宣洩情緒，或是問一些奇怪的問題，諸如：「醫師明明告訴我們，弟弟會好，但是為什麼他會死？」

「我看得出來喬許今天非常憤怒。」安德烈寫道。「所以我向他下戰帖比賽投籃。進行一對一比賽時，我放水讓他贏我，讓他蓋我的火鍋。賽後他彷若變了一個人，我也一樣。我今天過得非常開心。」

安德烈另外還靠一件事管理自己的情緒。他在每週三以及每個月十七日固定斷食。「斷食讓我了解，我們不該把安蒂或其他退伍老兵經歷的苦與痛視為理所當然。他們的家人和我們家人一樣，雖然能走路但都受了傷，我斷食是為了他們與我的家人。」

安蒂基金會的慈善活動結束後，我和安德烈開始通信，安德烈習慣在電子郵件的最後寫上「你的朋友，安德烈」，不過現在他的結尾詞是「LFL」。

「你是第四個收到LFL的對象，這三個字母代表『忠心、友誼、愛心』。另外三人分別是潔咪、麥可、保羅．雷克霍夫（Paul Rieckhoff），保羅創辦了伊拉克／阿富汗退伍軍人組織。」

成為LFL座上賓，對我與安德烈意義重大。受安德烈器重，我深感榮幸，打定主意，只要活在世上一天，他若有任何需要，我一定義不容辭挺他到底。

本章未竟的功課始於一封遲遲未寄出的卡片，原想透過卡片撫慰好友安德烈的喪女之痛，可惜儘管有心，卻一再被自己的顧慮以及工作干擾，結果一拖再拖。

我發誓日後若碰上相同的情況，一定「先做了再說」。安德烈與伊莉莎白不約而同跟我說，光是一句「我很遺憾你的遭遇」，就足以稍減對方的悲傷與哀痛。願意耐心聽對方說話，肯花一個小時跟對方玩接球或投籃，足以協助傷心逾恆的對方撐過另一天。

不過傷痛並非本章的全部。關愛與慈悲的圈子持續旋轉外擴，改寫每一個被圓圈環抱的人。以我為例，這一季和安德烈分享了棒球經與喪女之痛之後，我的心變得更柔軟，對父親的所作所為不再耿耿於懷。因為主動關心安德烈，反倒改善了我與父親的關係，這點是我始料未及的。

每次比賽結束，我會上網寫信向父親報告戰果，諸如班傑明的各項表現數據、我下達的教戰指令（好壞皆有）等。從父親洋洋灑灑長篇大論的回覆，看得出來，他對我的指揮既興奮又開心，一如安德烈之前所言。

我可以想像遠在佛州的父親坐在書房裡，一整天盼著我的報告。他耳朵已聾，所以只能待在小而孤立、安靜無聲的世界。不過我可以想見，他收到我寄出的最新一封電子郵件時，安靜的書房頓時變得鬧烘烘，他會高聲叫喊母親到書房，迫不及待地告訴她班的攻防數據，口沫橫飛地解釋在一人出局、打者擊出高飛外野球時，他絕不會貿然讓跑者上三壘，不像我。

「今天是最後一場球賽，我們以六比五擊敗海德公園隊。」我寫道。「我隊的總成績是四勝二負，包括打贏三隊實力堅強、老是讓我們吃癟的勁敵。

「班的打擊率是．五二五，擔任球隊的先發投手，每局平均三振兩人。整年下來，他只失誤一次，他曾在游擊手位置以背後接球的絕技（over-the-shoulder catches），讓觀眾為之喝采。」

父親回我信時，用了不少括弧與紅字：

聽起來（雙關語）你的小孩將體內「運動員基因」發揮得淋漓盡致，里！不過你「千萬」別讓他們「患大頭症」（希望你「了解我的意思」）！

由於我們父子不睦已久，所以我對他的意見通常是嗤之以鼻。不過這次我卻笑了，將兒子優秀的運動基因悉數歸功於他。信中我告訴他，我完全了解別讓兒子得大頭症的重要性。

其實他真正的意思是，他跟我一樣，對孫子的表現引以為榮。

第三章　支票附在信裡

——還清拖欠已久的債務

三十多年前，我跟朋友約翰借了六百美元，有了這些錢，我才能和他以及吉姆繼續剩下的印度之旅。借錢當天，我們三人卡在離開安拉阿巴德（Allahabad）的路上，前面因為牛群漫步，交通打結。路上有位全身赤裸、蓄著白鬍子的苦行僧，沿路匍匐跪拜，朝印度教聖城瓦拉納西（Varanasi）的方向前進。眼前景象太過震撼，我們在路邊足足駐足了二十分鐘，看著這位虔誠的朝聖者一路跪拜，對周遭呼嘯而過的卡車與人力車視若無睹。一開始，他整個人從頭到腳仆趴在地上，然後伸直手臂，用粉筆在地上做記號。接著起身，往前走三步，站在剛剛所做的記號上，彎身再次跪拜。此地距離瓦拉納西寺廟與河壇（ghat）至少還有五十英里，不知這位被烈日燒烤的苦行僧還要跪行多久。

開著路華休旅車，我們僅花幾小時便開到瓦拉納西，約翰與吉姆上街買絲綢，我則在蜿蜒狹小的巷弄裡穿梭拍照，留下美麗回憶。三人稍後在恆河邊的火葬場（Manikamikaghat）碰面，當地貴族（婆羅門）的屍體就在這裡火化。我站在神聖卻嚴重污染的恆河邊，目睹一具具屍體燒成灰燼的奇景，既震撼也覺得悚然，這時我開口向約翰借錢。

「我盧比花完了。你可以幫我嗎？我現在身無分文，一窮二白。」

「沒問題，」他道，語氣一派輕鬆，彷彿我只是跟他討根煙而已。約翰的父親當時是科羅拉多州東部最大牛飼料供應商，所以錢對他不是問題。「你需要多少？」他問。

「六百美元。」我道。「等我們回美國，我立刻寄支票還你錢。」

結果拖到現在還沒還。一九七七年返回美國那年沒還，直至二〇〇八年著手打理未竟功課的這個時刻，依舊賒欠在身。

一開始，真的是因為沒錢。後來雖然賺了錢，但所有錢幾乎全拿去支付房租。接著是還就學貸款，後來從克利夫蘭搬到紐約就讀新聞學院，又是一筆支出。新聞系畢業後，要付房租、清償學貸，總之這也要錢那也要錢，手頭永遠吃緊。我似乎一直過著勉強餬口、寅吃卯糧的窮酸日子。心想約翰出身富裕，應該不差這筆錢，所以也就不急著還債。

不過這筆債搞得我心神不寧。

數年過去，六百美元在我腦袋裡膨脹成六千美元，心裡老惦念著約翰會不會對我欠債不還耿耿於懷？每隔一陣子就想跟他聯絡，把債還清，可是一拖再拖，一直沒有行動。我覺得自己真笨，竟讓這筆小錢壞了我和他的友誼，也為此付出了代價。年紀越長，越記不得人生最精彩最刺激的一次冒險。我希望那趟旅行的點點滴滴能鮮活地留在腦海裡，越久越好，不過我切斷了能協助我保持完整記憶拼圖的兩條線索之一。

大學畢業，我花了兩年時間在全球最落後、政治也最不穩定的地區旅行冒險，但妻子或小孩並未因此對我刮目相看。理由之一是，小孩年紀還小，才剛開始認識伊朗、阿富汗、印度在全球地圖的所在位置，其餘幾乎一問三不知。其次，小孩很難將年輕時愛冒險愛刺激的我，和現在一天到晚忙於工作的我畫上等號，畢竟他們每次外出健行、騎腳踏車、海灘戲水，都是他們母親相陪，我則連放假在家都不忘工作。

在孩子眼中，我跟馬可．波羅、哥倫布這些追求刺激冒險的探險家差了十萬八千里。每次有什麼好玩刺激的戶外活動，都是伊莉莎白帶著他們參加，藉此增廣他們的見聞並認識新世界：在佛蒙特滑雪、鱈魚角（Cape Cod）賞鯨、參加紐約州北部的羊毛節與大蒜節、倫敦七日遊、參觀博物館、上教堂、欣賞表演等。我若有機會外出，目的地不外乎華府、芝加哥、洛杉磯，而且都是因公出差。

伊莉莎白堅持諾亞學擊劍、卡洛琳學騎馬、班嘗試抓青蛙與昆蟲。暑假期間，她教小孩游泳、駕帆船。秋天，她和小孩一起跳進成堆的落葉中。冬天，她帶著小孩在湖上溜冰。總之，在小孩眼中，母親代表刺激冒險，父親不過是空有男兒身的軟腳蝦。

還清欠約翰的錢，讓自己無債一身輕，同時也卸下多年來的良心譴責與心頭包袱。不過我知道不只如此。有了重新和安德烈與佛恩姑姑搭上線的經驗，我相信這次和約翰連線，可以將冬眠已久的某部分自我重新喚醒，說不定年輕時喜歡冒險搜奇的那一面，可以從過去式變成現在式，讓小孩親眼見識一下。

一九七六年二月至十月，我、吉姆、約翰駕著路華車「羅絲」（Rosie），一路從伊朗德黑蘭開到印度加爾各答。當時巴基斯坦最西邊爆發內戰，印度總理英迪拉・甘地（Indira Gandhi）將多位政敵關入大牢，俄羅斯即將宣布出兵阿富汗的重大決定，伊朗宗教領袖柯梅尼（Ayatollah Khomeini）蓄勢待發，準備出手罷黜國王。

我想記住自己在這些飽受動盪、充斥苦難地區闖蕩的點點滴滴，讓它們活在回憶與想像裡。可惜年過一年，記憶慢慢模糊褪色。

我們嘗試追隨亞歷山大大帝當年的腳步，結果在伊朗南部迷路，是否真的差點餓死？

我們駕車從巴基斯坦穿越開伯隘口（Khyber Pass）進入阿富汗時，是否真的被一群騎在馬背上的普什圖人（Pashtun）團團圍住，後者還掏出步槍，對空鳴槍。

和巴基斯坦部落長老高斯・巴克斯・汗・馬哈爾（Ghous Bux Khan Mahar）談論政情時，對方請我喝了一杯牛奶，結果因為牛奶有寄生蟲，害我腹瀉不已，消化系統因而受損，那杯奶是否真是水牛的奶？

只有約翰或吉姆知道事情的真相。唯有他們可以證實我對一九七六年七月四日當天回憶的真假。我記得那天我們在新德里美國駐印大使館慶祝國家兩百歲生日，一行人乘坐純手工打造的摩天輪，該摩天輪完全靠裹著腰布的赤腳男子以人工踩踏的方式轉圈圈，非常刺激。我還記得有一次我們把「羅絲」藏在岩石後面，涉水渡過尼泊爾與西藏交界的湍急河流，逼近中共邊界警衛不到一百碼。有一天我們花了十二小時重新組裝羅絲，因為駐防在阿富汗與伊朗邊界的警衛懷疑車內藏有毒品與顛覆性文宣，竟將整台車拆了。

這些精彩故事未來都可以搬出來告訴小孩，不過在此之前，我得先找到約翰，把積欠的六百美元還清。

我和約翰在伊斯坦堡的阿塔圖爾克國際機場分道揚鑣，自此失聯，沒再見面。當時是一九七六年十月的第一週，約翰將先到倫敦，把路華轉賣脫手後再回美國。他和吉姆開車載我到機場，我從伊斯坦堡轉飛以色列，在以色列停留六個月，靠收割香蕉打工賺錢。

透過網際網路，我找到約翰的下落，知道他在一九七六年秋回到科羅拉多，進入法學院就讀，畢業之後，加入丹佛一家赫赫有名的律師事務所，後來晉升為合夥人。

伊莉莎白的哥哥傑米也在丹佛擔任律師，我問他是否認識約翰。

「我從沒見過他，」傑米道。「不過我當然知道他是誰，他的辦公室跟我只隔了兩層樓，我們可能搭過同一部電梯，次數不下十多次吧，世界還真是小。」

的確，世界真小。我大舅子專精於債務催收法，兩層樓之下就是約翰的辦公室。約翰尚不知欠了他三十二年未還的六百美元即將入袋。我在寄給他的信裡附上支票，請他「隨心所欲花掉這六百美元——捐作公益、當成禮物送給老婆，或是犒賞自己」。至於累計的利息，我提議由我飛丹佛，請他吃頓飯。「我們可以邊吃邊聊近況、敘敘舊，一起回憶羅絲。」我道。

我等待約翰的回音。

吉姆邀我和他的死黨約翰同遊印度，我們三人剛自大學畢業。我在銀行的存款僅剩一百美元，對於自己未來毫無頭緒，所以吉姆的旅遊計畫重燃我的熱情，讓我躍躍欲試。我到塑膠工廠擔任清潔工，自動請纓上大夜班，連續工作三個月，存到吉姆預計這趟旅行所需的三千美元。他和約翰已先出發，在倫敦買了輛路華車，開著它到伊斯坦堡等我。

我飛到英國，在倫敦待了一個月，發現自己追上吉姆與約翰的機率越來越渺茫。我在倫敦一個月期間，常和一位老友見面，他的姊姊是知名模特兒，透過她，我得以到巴黎約訪法國攝影師亨利・卡地爾─布雷森（Henri Cartier-Bresson），他是我崇拜的偶像。我到巴黎時，約翰與吉姆已從伊斯坦堡開車到德黑蘭，打算在那裡和我會合。

老實說，我對前往伊朗既擔心又緊張，很想臨陣脫逃。畢竟這是我一個人第一次出國；此外，我開始思索父母的話，他們擔心我在異國的安危，也懷疑千里迢迢跑到印度對我未來有何助益。吉姆察覺我的退縮，從德黑蘭寫了封信給我，日期是一九七六年一月十一日，這封信我珍藏至今，以之為借鏡，提醒自己必須追隨自己的心與腦，父母的話是金玉良言，一定要聽。

親愛的里波：

請盡快趕到伊斯坦堡。從伊斯坦堡到德黑蘭最方便也最便宜的方式，就是搭乘所謂的

「神奇巴士」，每週有兩班往東的班次，到德黑蘭的票價是二十三美元。票亭位於迪凡尤魯街（Divanyolu Caddesi），靠近舊城區的藍色清真寺。

滿坑滿谷的美國、德國、義大利等西方年輕人，近來絡繹不絕地湧入喀布爾、加德滿都、奎師那知覺協會（Krishna Consciousness，又譯作益世康），其中不乏彷彿出國無數的旅遊通。龍蛇雜處、三教九流，偶爾會遇到精彩的故事，見識到五花八門的防人心理（psychological defenses）、豪情壯志、荒謬迷思、革命精神、奚落挖苦……拼貼出這一世代對當今存在的現象煩悶欲嘔的心情……是寫作絕佳素材。

若我是你，絕不會錯過伊朗這段插曲。這裡石油惠而不費，根據最新報價，一加侖才○．二毛，我們大可開車到處走走，不怕破產。說到預算，這點你放心，我們還不至於沈船。路華花掉三千八百美元，的確讓荷包大失血，但是旅費的主要支出——交通，幾乎都靠它代勞，所以算算對你應該不成問題。我們的生活費一天約五美元，這價格是亞洲國家之最，你絕對負擔得起。順帶一提：路華愛車「羅絲」真是讚，加裝了車頂架可放行李，另外配備了四輪傳動與前置絞盤。

在吉姆來信的空白處，我快速計算了一下花費，以一天生活費加油錢七美元計算，我應該可以經陸路來回印度一百多天。若加上一兩篇稿費進帳，也許可以再撐兩個月。照這樣計算，大約夏末或秋初返回克利夫蘭。

吉姆接著寫道：

我只能說，一路上的際遇一輩子難遇、難忘、殊難再得。我們從伊斯坦堡的妓院經博德魯姆（Bodrum）的橘子園來到阿波羅神諭殿。在伊斯坦堡，碰到學生暴動，大學不得不停課，約翰跑去聲援暴動而被捕。小偷撬開羅絲一扇窗戶，偷走約翰的彩色底片、我的相機與三腳架、兩人共用的醫藥箱與露營裝備。有件事我覺得好笑，他們竟然連書都不放過，一整袋的書包括了小品，像是《芬尼根守靈夜》（*Finnegans Wake*）、《彩虹的重力》（*Gravity's Rainbow*），還有一些靠查閱土英字典就可輕鬆應付的書籍。

吉姆的信成功說服我加入印度行：心想我若不加入他們，可能錯過一生難得一次的旅程。所以我買了張火車票，搭乘「東方快車」從巴黎至伊斯坦堡，整整兩天和兩位六十多歲的保加利亞婦人比鄰而坐，兩位女人將購於巴黎的牛仔褲偷渡回鄉，作為送給孫兒的禮物。我留了及肩的長髮，所以火車每過一個國界，我就被攔下盤問一次，所幸這兩位保加利亞人挺身襄助，趕在警衛有所行動之前，用力把我拉回車上。火車抵達保加利亞首都索菲亞，兩位一路守護我的老婦在此和我分道揚鑣，她們下車前，要我把她們購於巴黎的牛仔褲藏在座位之下，火車緩緩駛離車站時，我再把牛仔褲拋出窗外，讓等在車外的孫子們接個正著。

數小時之後，火車抵達伊斯坦堡，不幸碰到土耳其現代史上最冷的冬天。大雪加上零度以下的低溫，開往德黑蘭的火車被迫停駛，至少一個禮拜之後才會恢復營運，我只好下榻於舊城區一間廉價旅館，整棟旅館只靠一個燒炭的暖爐勉強保溫。因為旅館太冷，我一連數天窩在當地一間咖啡館，猛灌咖啡，拚命抽煙。火車復駛之後，因路上積雪與融冰導致伊斯坦堡至德黑蘭的行駛時間比平常多了三天。跟我同一節車廂的四名旅客是宗教團體「上帝之子」（Children of God）的教友，每經過一個村落，他們就朝窗外丟蘋果、發傳單，並努力向我與同車乘客傳教，希望我們改信基督教。他們信奉「賣俏釣人法」、「釣魚傳道法」（flirty fishing）的傳教方式，不惜要教徒靠肉體與性說服人入教，這點我敬謝不敏，無福消受。火車開抵安克拉之前，一個在車廂與車廂連結處抽煙的乘客告訴我們，兩位阿富汗人被發現凍死在三等車廂裡，可見天氣有多冷。

第六天，我們一連經過數十個土泥村，越來越靠近德黑蘭。火車上可以看到白色大理石塔。伊朗國王五年前為紀念波斯帝國建國兩千五百週年，蓋了這個石塔。「上帝之子」其中一位教友——澳洲金髮纖瘦美女，一再說服我留在車上，跟著她與友人一同前往印度。我下了車，搭計程車從火車站出發，經過簇新的辦公大樓、清真寺，最後停在一棟不起眼的公寓。接待吉姆與約翰的美國僑民畢托．波登（Beetle Borden）按了對講機讓我上樓。一上樓，吉姆開門相迎，給我一個熱情的擁抱。「你辦到了，里波。」他道，並介紹我認識畢托，他是吉姆家的一位朋友，居間替美國石油公司與伊朗政府打理相關的法律事務。過了幾分鐘，一位二十多歲的男子下樓跟我打招呼。他有一頭褐色鬈髮，身穿牛仔褲、格子襯衫，笑容溫暖但帶點淘氣。

距離第一次見面匆匆過了三十二年，我收到約翰的電子來信：

親愛的里：

很高興接到你的來信，收到支票我吃了一驚，因為我完全不記得有這筆欠款。我對那趟旅行記憶猶新，不過不包括這筆錢。我把支票給了兒子，他現在的年紀正是我們當年旅遊印度的年紀，我要求他把這筆錢花在異地。

獲悉約翰對這筆債忘得一乾二淨，我感到奇怪，畢竟這幾年我一再掛心欠錢未還這件事，還不斷膨脹此事對他的重要性，到頭來卻是自己窮操心。不過我對他處理這筆錢的方式，忍不住笑了。有了他挹注的六百美元，我才能遠赴印度洋海邊，站在遠離家鄉的另一角。當年我二十二歲，遊走於不同的民族與文化，所見所聞日後陸續出現在新聞報導裡。而今這六百美元支票將協助約翰的兒子重複當年我們的異國之旅。

六月中我飛往丹佛。約翰和我相約在他的辦公室，然後載我到市郊的一個酒吧。一開始，我幾乎認不出他。他比以前瘦，看起來既精明又專業，頭髮花白稀疏，走路時腳會稍稍拖著地。兩人邊喝邊聊，聊著聊著，當年那個勇敢無懼的冒險家似乎又慢慢浮現。當年就是靠他駕馭羅絲，載著我們成功克服沙塵暴、梅雨、險峻地形等考驗。

「光在印度我們就爆胎二十六次，真有此事嗎？」我問。

「二十七次。」他道。

「記得有次你和一輛卡車尬車（play chicken），賭誰沒膽先踩煞車，結果對方贏了，呼嘯而過，我們連人帶車滾下山坡，我當下心想，這下大概要和羅絲天人永隔了。」我道。

「我也有同感，」他道。「然後不知打哪兒冒出一堆村民，大概有十幾二十人，大家拿著繩子將羅絲又纏又繞，再連車帶人吊上去，我們才躲過一劫。」

「驚險之至。」我道。「記不記得我們從阿格拉（Agra）開往德里途中，一群盜匪突然從樹叢裡跳出來？」

「對啊。他們的目標是我們前面那台卡車上的香蕉與菠羅蜜，結果卻害我們遭殃，我只好拚了命加足馬力，遠離是非之地。」他道。

聊得越多，感覺自己越年輕越有衝勁。約翰興匆匆地和我比對旅行的點點滴滴，拼出更完整的記憶。

我們從畢托．波登在德黑蘭的公寓聊起。

「我記得畢托囑咐我們，提到伊朗國王與他的妻子時，要稱喬治與瑪莎，因為他深信自家已被伊朗情治單位監聽。」

「對啊。不過，薩瓦克（SAVAK，伊朗國家安全情報組織）該防範的應該是阿亞圖拉（ayatollah，伊朗什葉派宗教領袖），不該一天到晚監聽畢托、畢托的朋友，或是一心只想揪出死老共。誰想得到最後他們會祭出奇襲，推翻國王。」

「是啊，我一個阿亞圖拉也沒看到，你有嗎？」我問。

「沒有，實際上我連聽都沒聽說，你有嗎？」

「連個屁也沒有。伊朗人絕口不談政治，想必是害怕吧。」

「沒錯，安靜的讓人悚然。」

離開德黑蘭之後，我們往南走，穿過沙漠到庫姆（Qom），這是伊朗什葉派的第二大聖城，然後繼續走訪卡山（Kashan）、阿拉克（Arak）、伊斯法罕（Isfahan）等位於札格羅斯山腳下的古城。每到一地，我們一定參觀市集，欣賞知名的波斯毯，造訪以藍色彩陶裝飾的清真寺，探訪偉大波斯帝國統治數百年之後留下的遺跡。在魯特沙漠（Dasht-i-Lut）北端的克爾曼（Kerman），我拍下約翰的英姿，他站在羅絲旁，後面是古代商旅下榻的旅館，羊群爭先恐後探頭充當觀眾。下一張照片的主角是五個女生，從頭到腳包覆黑色袍子。她們將手抬高放在嘴邊，一副驚恐的表情。

「幸好她們老公沒看到你按下快門。」約翰道。

「我知道。」

在德黑蘭，約翰找到一張古地圖，是亞歷山大大帝跋涉波斯東南部的路線圖，我們計畫依循路線，追隨亞歷山大大帝的足跡，並為此撰寫一篇遊記。因此將車開下公路，穿越魯特沙漠，沿路尋找標示亞歷山大從印度班師回波斯的記號與路標，但是放眼所見，除了一望無際的沙子，完全看不到路標，還得忍受攝氏五十度以上的高溫。開了兩天，來到一個乾涸的河床，車上已沒水、沒糧食，油也只剩幾加侖。

「那天晚上睡覺時，你有什麼感覺？」我問約翰。

「覺得我們必死無疑，彷彿那是我們在地球的最後一夜。」

「然後奇蹟出現，你記得嗎？」

「不是很清楚。」

「早上醒來時，我們聽到小孩的聲音。」我道。「我猜聲音大概距我們一百碼之遠，所以我們循著聲音往前開，結果起碼開了十英里。」

「我們看到一群遊牧民族，」約翰憶道。「他們叫什麼來著？」

「俾路支（Baluchi）。」

「沒錯，俾路支遊牧部落，他們的表情彷彿從沒看過西方人似的。一位老婦遞上茶與食物給我們，吃起來像燉肉。他們在沙子上畫了張地圖，標出東南的方向，然後送我們上路。他們救了我們一命。」

「你記憶力真好。」我道，拿出一張照片，主角就是那位老婦，盤著腿穩坐在地上。「記得她嗎？」

「當然。」他道。「我們終於開上公路，加了些油，繼續往南開到瀕臨波斯灣的阿巴斯港。」

約翰越聊興致越高昂，我腦海則浮現阿巴斯以及遠方波光粼粼的水面，宛若在綠洲。我另外還想到其他的事。

「你記得阿巴斯港哪裡奇怪嗎？」我問道。

「到處都是美國人，從事石油探勘。」約翰道。

「沒錯，一堆美國人。不過我說的是當我們開車進城，沿路看到的一群人，尤其是他們的眼睛。」我說。

「對，他們眼睛都瞎了。一群盲眼婦孺，走路的模樣彷若出自恐怖電影。我猜他們身上應該有寄生蟲，說來可憐——也很奇怪。」約翰說。

「然後我們到旅館吃晚飯。因為在沙漠餓了幾天，三人決定好好飽餐一頓，於是點了又大又厚的牛排犒賞自己。結果你記得發生什麼事嗎？」我說。

「暴風雨。」他道。

「是的，我們一到旅館，颶風接踵而至。我去上廁所，沖完馬桶，結果所有的糞與尿竟然一湧而上，當下的直覺是污水管爆了。等我走回餐廳，水已淹到腳踝。接著停電，但是其他石油工人照樣吃喝，直到聞到異味，才驚覺事情不妙，旋即衝向大門，但是伊朗人將大門上鎖，不准我們出去。」

「他們擔心我們吃霸王餐。」約翰道。

「我們淪為人質，數年後，阿亞圖拉也是這麼對待美國大使館人員。」我說。

此時，約翰和我越聊越起勁，重溫當年一路從伊朗經巴基斯坦至印度的所有亮點。在古城巴姆（Bam，位於伊朗南部，全城用土坏磚建造），約翰因為嚴重腹瀉，不能動也吃不下任何東西，整整一個禮拜。魯特沙漠沒有難倒他，但是恐怕過不了腹瀉這一關。由於他病得不輕，我們慎重考慮載他到最近的機場，提早讓他搭機返美。約翰休息之際，我和吉姆出外欣賞一家義大利電影公司在巴姆的古蹟取景，拍攝美國西部牛仔片。

「我討厭巴姆。」約翰道。「數年前，巴姆被規模六．六的地震震垮，化為廢墟，約有兩萬五千人罹難，你知道此事嗎？我們那時是不是讓一個人搭便車？」

「是的，一個英國人，叫柯林，全身都是嗆鼻的廣藿香油味。」我道。

「在伊朗與巴基斯坦的交界，邊界警察將他團團圍住，我還以為他會被捕收押。」他憶道。

「原來他們只是想跟他兜售毒品。只要柯林在，我們每到一地，這事就上演一次。」

老實說，這三十多年來，我壓根兒忘了這位渾身廣藿香油味的便車男。

過了邊界，我們跟著巴基斯坦陸軍車隊橫越俾路支斯坦，由於附近內戰正酣，沒有軍隊護送，無疑是送死。

「你記得那間茶館（tchai-khane）嗎？」約翰問道。

「記得。」我答道。

我們兩個刻意降低音量。茶館主要是供往來伊朗與印度的貨車司機過夜之用，每個卡車司機都有年輕舞男相陪。那晚約有十多個司機睡在地板上，摟著各自的男伴，害得我們三個人完全無法休息，拖著疲憊的身軀應付隔天開往奎塔（Quetta）的辛苦路程。

今天，奎塔成了窩藏塔利班（神學士）與「基地」（Al-Qaeda）組織的大本營。不過一九七六年，從巴基斯坦拉車前往喀布爾或加德滿都的外國旅人，都知道奎塔是買賣印度大麻的重鎮。柯林是煙毒行家，帶著我們熟門熟路地拜訪當地各個鴉片館與大麻店。和我們分道揚鑣後，他加入一群像紙片人的法國嬉皮，這些人大麻不離口，邊抽邊咳血。

離開奎塔，我們往南到信德省（Sindh）的夕克浦（Shikarpur）。一位男子居間介紹我們認識高斯．巴克斯．汗．馬哈爾，他是當地部族長老。我們受邀到他的村落作客，每天傍晚，這位三十歲長老習慣坐在院子裡，排解村民婚姻與財產方面的糾紛。晚餐過後，我們常和他交換政治見解，他對尼克森總統大起大落的際遇特別感興趣。某晚，我一個大意，喝下他遞給我的餐後飲料（由水牛奶調配而成），結果痛不欲生。

水牛奶導致我和約翰腹痛如絞，光是這點，兩人談到欲罷不能。於是我們又點了一壺啤酒，在丹佛的酒吧外頭繼續回憶往事：想到三人在印度北部幫一家錫克人收割甘蔗，以及某個下午騎乘大象上山參觀齋浦（Jaipur）皇宮。儘管難以言詞形容蒙兀兒王宮花園綻放的香氣、泰姬瑪哈陵的美、榴槤讓人不敢恭維的味道與外觀，但是我們兩人都盡了力。

和約翰聊著聊著，過往的世界、已逝的時光、另一個我、逐漸褪色的記憶，一一回籠。非常感恩自己有幸在大學畢業後和約翰、吉姆周遊印度。幸好當時我對自己的未來並無十足的把握與自信，否則我不可能加入他們，展開這輩子最刺激的冒險。

三人踏上旅途的理由各異。吉姆想要尋找小說寫作的素材。約翰希望在就讀法學院以及成家立業之前，完成人生大冒險。我則希望遠離家庭分裂之苦，走出井底之蛙的視界，同時克服疑慮，這些疑慮蒙蔽我的視線，讓我看不清自己可能的潛力。

和約翰重逢，不禁想起當年幾經波折終於得償夙願——站在地球距離克利夫蘭最遙遠的一端。在印度南邊靠近普里（Puri）的一處海灘，我看著旭陽升起，照耀著孟加拉灣。雖然全身狼狽不堪、激動又疲累，宛若好幾個月沒洗澡也沒睡覺，但是心滿意足。在這世界終點與起點的交會處，目不轉睛地看著旭日緩緩升起，直到燦陽照得我睜不開眼睛為止。

和約翰碰面之後，自然而然好奇於吉姆的近況，他是那趟旅行的主導人，不論是買羅絲、去印度，都是他拍板定案。我和他住得很近，兩人在曼哈頓的家距離不到三英里，至於在紐約州北部的週末別墅，開車也不到兩小時。

我寫信給他，為和他疏於聯絡致歉。

「錯不在你。」他回信道。「保持聯絡必須兩人有來有往，猶如潮起潮落。」

結束印巴之行後，吉姆在紐約小義大利區租了間公寓，就在黑手黨教父約翰．高帝（John Gotti）坐鎮事業的「聯誼俱樂部」正對面。為了持續寫作，他做過服務生、酒保、書店銷售員、軟體工程師，後來乾脆自己創業，開了一間軟體公司，不過已賣掉易主。現在他每週工作四天，在曼哈頓數位廣告公司擔任軟體設計師。週四晚上，他和老婆南西開車到位於白愛爾山（Belleayre Mountain）山腳的松林丘（Pine Hills），在松林丘社區中心二樓，他租下寬敞挑高的閣樓，在這裡獨創他自稱的「電子實況敘事形式」事業。

我開車到松林丘看他，發現當地已然繁華落盡，只有寥寥可數的商店開門營業，原本有一家販賣印度料理的餐廳大門深鎖，我覺得很可惜。

我在樓下大聲喊吉姆的名字，他從窗戶探出頭道：「里波，真高興見到你這小子。我馬上下來。」朋友圈裡只剩吉姆一人還叫我里波，也只剩他一人還留著長髮（長度及腰）。他的頭髮已白，但還是跟以前一樣習慣將長髮紮成馬尾。

該中心原本是私人房產，現已出讓供社區使用，原屋主是發明太空梭隔熱片的男子。一樓面積之大足以充當停機棚，裡面正舉辦著村民聚餐，電腦與手工藝教學，一個月一次的才藝秀（由當地人士上台表演音樂與相聲），以及各式各樣社團的聚會，包括原住民社團、老人社團、青少年社團、社會運動活躍分子社團等。吉姆屬於最後一項，和其他團員積極推動草根性運動，全力阻止大型開發商將白愛爾山變成富豪的滑雪度假村。吉姆對於自己的角色與行動引以為豪，自認能重燃區內近百分之二十五的窮民對未來的希望。

「真是人間美境。」我道。「你的確足以自豪。」

「謝謝。走，去參觀我的傑作。」吉姆道。

我們爬上搖晃不穩的木製階梯，來到吉姆在二樓的工作室。在閣樓的角落，有一組大型模組，包括攝影機、電腦、ＬＣＤ藍色液晶螢幕，螢幕嵌在一個小舞台的後面牆上。吉姆按下一系列開關，螢幕隨即出現一層又一層電腦合成的影像與符號。

「你看這個。」吉姆道，然後站在舞台上，螢幕同步顯現他的分身，大小吉姆開始進行奇怪卻又生動的互動。

「擬真機（Realto），」他道，接著鞠躬下台。「你覺得怎樣，里波？」

「酷斃了。」我道。

吉姆聽了開心之至，彷若小孩，迫不及待地向友人炫耀自己拼湊而成的玩具車，冀望靠它在賽車場大展身手，摘下冠軍頭銜。不過這套設備可是花了吉姆三十多年心力打造，絕非一時急就章之作。

這套設計始於他大學時撰寫的一系列故事，名為「摩天軸：電腦人01自傳」（*Ferris Reel: The Autobiography of Cybernaut-01, Human Biocomputer*）。維吉尼亞大學給他獎學金，贊助他完成這本書，不過他一搬去那裡，公寓便失火，他手邊唯一的草稿化為灰燼。

多數人認為這是惡兆，是上帝要他另謀出路的意思，但是吉姆不放棄，從頭寫起，花了十年才寫完，同時釐清他的人生使命：「我要以電腦人01的身分環遊世界，每晚向觀眾實況播出《摩天軸》。當年狄更斯與馬克．吐溫也是一個城市接著一個城市打書，將作品表演給觀眾看。不過面對二十一世紀的觀眾，我得增加視覺與互動效果，才能讓故事更生動精彩。」

過去兩年，吉姆不斷改良擬真機，希望能將它塞進兩大行李箱裡。他是天才與瘋子的綜合體，他自己也清楚這點。「我知道自己跟瘋子一樣，但是我會繼續改良擬真機，直到我可以帶著《摩天軸》走向人群。」

「真有那天，我會坐在最前排。」我道。「我說真格的。」

開車回家途中，我才意識到兩人對於當年長達九個月的旅程隻字未提。我想知道那趟旅程對他人生有何影響，不過自始至終都來不及細問，彷彿擬真機已取代羅絲，成為他生命的全部，若我逼著他回憶過去，只會拖累他前進的腳程。吉姆雖已五十五歲，但衝勁一如當年二十二歲小夥子，我發現自己也一樣。當年駕車穿越戰火區，挑戰勇氣與耐力極限（intestinal fortitude）的日子已逝去，畢竟冒險與刺激是年輕人的專利。而今我們分別踏上另一階段的旅程：吉姆一心想讓擬真機成為事實；我則努力完成人生未竟的功課。兩人的旅程都需要膽識與勇氣，充滿恐懼、挑戰與回憶，一如當年我們在印度想方設法擺脫盜匪、在伊朗沙漠苦尋人煙與出路、在普里海灘躲避炙熱無情的豔陽。

與約翰、吉姆重逢之後，又過了幾週，我決定重披熱情有勁、敢衝敢拚的冒險家外袍，讓家人瞧瞧。卡洛琳參加過夜夏令營，離家將近一個月。伊莉莎白計畫先帶兒子爬山健行，然後再去看女兒。到了目的地瀑布山（Cascade Mountain），大家嘴裡不說，但心裡認定我只會待在小木屋寫稿子，兒子則跟著伊莉莎白去攻頂，然後在山頂野餐。不過他們一早準備出發時，我告訴他們，留個位子給我。

「沒問題，老爸。」諾亞道。「你會跟我們一起爬山，是爬山哦。一定留個位子給你。」

我把諾亞的嘲弄視為挑釁。

開車到了山腳，我先到戶外旅遊用品店買了一支登山杖。班認為，底部包覆橡膠止滑墊的手杖「不夠酷」，所以我選了全木頭的登山杖，花了十五美元。這下感覺如虎添翼，自信能在岩石、溪流間穿梭自如，絕不會滑倒。

瀑布山只有兩千英尺高（六百一十公尺），不過攻頂步道長達兩英里（三・二公里）。登山的樂趣一一回籠：儘管林子沁涼消暑，但踏過一個又一個的岩石，依舊會讓人揮汗如雨；陽光透過林葉，照亮附在斷枝上的苔蘚與地衣，形成一幅如畫似的意境；或者什麼也不想，單純地享受世外桃源。

爬得越高，我停下喘息的次數越多，結果遙遙落後在兒子之後。伊莉莎白盡量跟我保持在聽力所及的範圍內，但是爬到某個高度，我實在累得無以為繼，決定回頭下山。下山途中，上坡的登山客不斷問我，山頂的景致如何，「美不勝收，」我道，儘管我功敗垂成，離山頂還差了一大段。

能夠爬到體力所及的最高點，我覺得沾沾自喜，但也清楚等兩個兒子攻頂下山後，免不了會對我毒言毒語一番。

諾亞說：「老爸，你是軟腳蝦。」

「你什麼意思？」我說。

「你只爬了全程的四分之一。」

「是全程的一半。」我道。

「四分之一，這可是灌過水的數字哦，可見我們對你已經夠客氣了。」班道。

重點不在於我爬了二分之一還是四分之一。這次登山之旅至此並不算正式落幕。班與諾亞辛苦攻頂之際，我坐在休旅車上，憶及當年和吉姆與約翰驅車直抵喜馬拉雅山腳下，仰望巍峨的聖母峰與K２峰。到底串起當年壯舉和今天健行登頂的那條線是什麼？

我還掉積欠約翰多年的六百美元，不但卸下心頭的重擔與罪惡感，也因為和約翰重聚，人生變得更豐富、更多采多姿。我得以重拾遺忘已久的快樂回憶，包括菠羅蜜的滋味，清晨被雲霧圍繞彷若仙境的達爾湖（Dal Lake），呼拜者（muezzin）召喚穆斯林村民午禱的聲音。種種回憶喚起當年那個敢於冒險、視每一天為全新挑戰的我。這次健行讓我清楚看到父母與孩子攜手冒險的機會。也許這就是今昔得以交集的那條線吧。

回到紐約，我告訴諾亞，若他隔天早上六點半能叫我起床，我就跟他一起吃早飯，再送他上學。

他五點半就叫醒我。兩人開車去餐廳的途中，停下車看著卡車一大早將新鮮蔬果配送到韓國人開的雜貨店。沿途看到慢跑者、蹓狗人士、穿著套裝趕搭地鐵的上班族。

到了餐廳，諾亞點了菜單上分量最大的早餐——巨無霸鬆餅搭配火腿、香腸、培根、巧克力奶昔。他告訴我，他痛恨洋基佬，特愛我們家的狗與數學老師。離開餐廳時，天已大白，陽光灑進餐廳，讓人精神百倍。父子兩人感覺彷彿進入強尼·莫瑟（Johnny Mercer）作詞的〈月河〉世界，「兩個流浪漢，攜手一起探索世界，世界奇景美不勝收。」

這是我們父子倆津津樂道的一段回憶，因為我們兩人共創了這段記憶。

因此到底我爬了二分之一還是四分之一的山路，完全不是重點。直到隔年我攻頂成功，瀑布山攻頂之旅才算正式畫下句點。

第四章　九一一之後，我一直想著你

——與遠方友人重聚

九一一恐怖攻擊之後，我老想著一位巴基斯坦朋友，擔心他的安危。兩人近三十年未見，他彷彿自人間蒸發。我念念不忘兩人共度的時光，對於他的近況非常好奇，同時也非常擔心。

二十多歲的我，靠著在餐廳「希臘瘋子」擔任酒保養活自己，餐廳位於克利夫蘭的市郊，老闆是一位印度裔移民，老闆娘則是希臘移民，脾氣火爆，精力充沛。

我在那兒工作得很開心。餐廳不乏年輕貌美的服務生，希望有朝一日能進軍演藝圈。還有一個三十歲巴基斯坦裔研究生，留著八字鬍，咯咯笑的模樣彷若十三歲中學生。他叫阿卡莫（Akmal），喜歡咯咯笑，因為他覺得自己實在是天底下最走運的人，竟然能和一堆美眉服務生共事。

阿卡莫和我不僅是同事，也是室友。我們和一位甫離婚、沒日沒夜在產房工作的護士布魯斯（Bruce）分租一棟房子，三人都處於人生的分水嶺。布魯斯半工半讀，希望將來成為足科醫師。阿卡莫打算返回巴基斯坦，從事心理治療。我剛結束海外旅行返回克利夫蘭。除了在餐廳調酒，我也寫作，幫當地一家藝文雜誌撰寫攝影專題，同時也寫詩，希望有朝一日能遇到伯樂，順利發表處女作。沒工作的空檔，我對自己未來何去何從，感到徬徨不安。

我的詩作多半和艾爾絲（Elsie）有關，她既是演員，也兼差當服務生，是我的女友，也是我創作的繆斯。我們上圖書館、咖啡廳、廣播節目朗誦我的詩作。小時候膽子小，不敢在人群面前發言，而今不知怎地，竟敢當著一屋子陌生人的面向艾爾絲大剌剌示愛，我覺得這種求愛方式既特別又刺激。

老實說，我和艾爾絲分合多次，多到連我都羞於承認——一個月至少一次。不過有時為了跟她在一起，會不惜任何代價與手段。阿卡莫試遍所有辦法，還是申請不到綠卡，於是我唆使他和艾爾絲假結婚，艾爾絲也爽快答應。儘管兩人只是假結婚，但艾爾絲必須搬進我們的公寓，以免移民局起疑，這正好稱了我的意，讓我可以名正言順地和繆斯同床共枕，無須擔心她可能琵琶別抱。

一九八一年冬天，阿卡莫回巴基斯坦定居，在此之前，他和艾爾絲離了婚，我和艾爾絲也正式分手。她愛上一位服務生，對方還是學生，希望將來成為聲樂家。我則認識了各行各業的人，包括攝影師、電影人、律師、心理醫師、作家、大學教授、甚至一兩個實業家，希望從中找出適合自己的事業。我喜歡和對自己事業充滿熱情的人共處，當時年紀尚輕，覺得自己潛能無限，做什麼都可能。最後我決定當記者，並搬到紐約，心想記者這行可讓我繼續學習、寫作、探索世界。若當不成記者，總還能從事其他行業。

收到阿卡莫返巴後唯一一封來信時，我仍在克利夫蘭，來信日期是一九八二年三月十五日。

親愛的里：

願真主賜你平安（Asalamu Alaichum，伊斯蘭教徒的祝福語）。

你一定很想知道我是死是活吧？親愛的朋友，我轉型得並不順遂。表面上，我雖然活著，但是部分的我已枯萎凋零，逝去的部分曾發光發熱、精彩萬分，這都得感謝貴國，在那裡，我認識非常多跟你一樣有情有義的摯友。我遲遲沒有寫信給你，因為每次提筆，莫不被澎湃激動的情緒所淹沒。

阿卡莫返回拉合爾（Lahore）後，夜以繼日地工作，開拓自己的事業，種種努力終於有成：

我展開一系列有組織有計畫的行動，在各大報刊登廣告，印製六百張宣傳卡，廣寄給精神科醫師、主治醫師、拉合爾醫學院教授等。現在我開業的診所已有十四名病患，讓我心安不少。我相信最糟的時期已過，未來應會漸入佳境。

一如所有認識他的人所料，阿卡莫緊接著展開第二階段計畫。他買了一輛二手福斯金龜車，向政府申請貸款興建自宅，房子交由建築師朋友設計。房子落成之後，他決定娶妻生子，這次可是名副其實的老婆，而非假結婚。他表示，結婚生子的過程平淡無奇（至少新娘感覺如此）。「我一直沒什麼動力，不過現在卻像發情的動物。」

這封信代表典型的阿卡莫。返回巴基斯坦後，他在短短幾週內，成立了拉合爾心理治療學院，標榜「助你克服人生恐懼」，從這標語可以看出，就連促銷事業，他也一副正經八百。只要他按部就班照著計畫走，一定會出人頭地。在信的結尾，他要我「不要吝於常」寫信給他，同時代他問候每一位朋友，包括艾爾絲。

不過我既偷懶也不常寫信問候他。老實說，收到他上一封信已是二十六年前的事，自此我一封信也沒寫給他。搬到紐約，念完研究所取得新聞碩士學位，隨即淪為工作的奴隸，每週都在和截稿時間賽跑。接下來二十年，生活不脫這模式，每天馬不停蹄，早將阿卡莫拋到九霄雲外，直到九月十一日早上（這天天空晴朗，感覺不太真實），聽到曼哈頓下城發生恐怖攻擊，才又想起他。當時我正搭著巴士準備去看醫師，鄰座一位女乘客接到父親遠從以色列的來電，宣稱從美國有線電視新聞網（CNN）報導得知，一架飛機撞上世貿大樓，出事現場距離我們的巴士僅三英里之遠。抵達診所時，大批群眾湧上街頭，目睹第二架飛機撞上南棟大樓，臉上表情驚恐又難以置信。

之後連續幾週，我不斷想到溫和、認真、打拚的阿卡莫，沒想到餵養他、讓他茁壯成功的母國文化，竟會煽動狂熱分子連番用飛機撞毀摩天大樓，葬送這麼多無辜人的性命。我回想兩人在克利夫蘭一起住的日子，年代久遠到似乎是上輩子的事。當時的我們，有時認真而積極，有時無所事事在公園閒晃，有時坐在門口台階上對路過女孩放電，或和鄰居閒話家常，有時為了朋友兩肋插刀。

我們曾年少輕狂，曾有開創無限可能的豪情壯志。我認識的每一個人——布魯斯、艾爾絲、艾伯（Abe，攝影師室友），都在摸索未來。在「希臘瘋子」打工，辛苦了幾小時之後，大家會喝酒、跳舞、做夢。我們愛耍帥擺酷，實際上都是窮小子，收入僅能餬口。若其中一人生病需要看醫師、找律師諮詢、繳房租、買車子零件，大家會集思廣益，有錢出錢，有力出力。其中一人失戀，其他人會空出沙發或是耳朵，助他走過痛苦。由於大家孤身在外打拚，所以彼此惺惺相惜。你可能不會想這樣過一輩子，但是回想起來，那可是我這輩子最浪漫的日子。

我搬到紐約後，這種漫不經心的日子也跟著結束。我即將步入二十九歲，實在不適合再一天到晚做夢、吃喝玩樂，該開始認真思考自己的事業與前途、學習當個負責任的大人。換句話說，我得在做什麼都行的無限選項中，去蕪存菁，找出自己的真愛。因為自己尚未做足充分準備，擔心被其他事分心，所以過於保護自己。一如聖經所言，該「戒除這些孩子氣的東西了」。也許我太看重這句話的字面意思，結果讓阿卡莫這些朋友吃了一點苦。

九一一恐怖攻擊讓一切為之改觀。我打心底關心這位老友的安危，因為他身處伊斯蘭與西方衝突的火線地區。若巴基斯坦爆發戰爭或革命，受過西方高等教育的他，事業與家庭可能受到波及。不過對阿卡莫念念不忘，還有另外一個跟九一一無關的理由。他是少數幾個「在我淨做些孩子氣事情」時的舊識，而我不想和當時那個不負責任、熱愛寫詩、不切實際、好高騖遠的我切割，所以需要他這個舊識充當橋梁，幫我重溫當年的時光。此外，認真回想當年的點點滴滴，我發現自己真的很想念這位老友。

接下來數年，腦袋一直想到他。奇妙的事來了。著手打理人生未竟的功課時，理所當然把阿卡莫列為主角，有天么兒諾亞將話筒遞給我，說是有人找我。

「是誰？」我問。

「一個講話怪腔怪調的人。」他道。

「男的還是女的？」

「男的。」

「他找我有什麼事嗎？」

「想跟你聊聊，他腔調很滑稽。」

「多滑稽？」我問。

「像卡通《辛普森家族》裡的印度裔店員阿普（Apu）。」

「像阿普？」我心想可能是遠從印度打來的行銷電話。

我接下話筒，先跟對方寒暄打招呼，有意在對方開始兜售產品前，快刀斬亂麻地結束對話。不過這位講話帶阿普口音的男子並非推銷員，他以自創的簡易版西班牙文問候我：「你好嗎，里？」

「阿卡莫？」我道，又驚又喜，彷彿昨天才跟他通過電話，沒想到隔天他又來電。

「是的，我是阿卡莫，你好嗎，臭小子？」

「我很好，你呢？我們實在太有默契了，我才在想用什麼方法能找得到你，沒想到你就打來了。」我說。

「我花了好幾天才找到你。我不知道你住在哪裡，好不容易找到艾伯，這支電話號碼就是他給的。我現在人在密西沙加（Mississauga）。」

「密西什麼？」

「密西沙加，離多倫多不遠，我打算帶著家人移民到這裡。」

「你的家人？你有家人？你最好從頭到尾仔細招來。」

他並未巨細靡遺交代一切，但多少安了我的心，同時也挑起我更大的好奇心。兩人各奔前程後，他在拉合爾的執業非常成功，並主持了一間專門收容自閉兒的學校。他寫信給我之後沒多久，接受父母安排，娶了個女子，名字叫諾芯（Nausheen），是個病理學家。

他們生了三個孩子，二女一男，其中一個女兒剛獲得傅爾布萊特獎學金，將就讀康乃爾大學，距離我在紐約州愛色佳的家約三小時車程。

阿卡莫決定全家移民加拿大，一來不希望跟女兒離得太遠，再者希望十五歲兒子能接受西式教育，學習西方優點，一如當年他在美國所受的薰陶。他現在人在密西沙加洽談一份工作，同時物色公寓。他希望一年後就能帶著家人搬到密西沙加。

「我什麼時候可以跟你碰面？」我問他。

「我明天返國，暑假才會再回加拿大，你能來拉合爾看我嗎？」

「我很想，但是我得先問過伊莉莎白的意思，她會擔心我在拉合爾的安危。」

當天稍後，我收到阿卡莫寄來的電子郵件。

親愛的里：

好不容易才找到你的下落，拿到你的電話。再次聽到你的聲音，內心百感交集，到現在還澎湃不已。我期待兩人能見個面，相信這趟姍姍來遲的見面能治療我空虛的心靈，讓我有機會整理自己未竟的功課。煩請你盡快告訴我伊莉莎白的反應。願真主賜你平安。

看來阿卡莫需要我的程度不輸於我需要他的程度，而且理由不謀而合：協助他完成一項人生未竟的功課。至於是什麼樣的課題，我毫無概念，但迫不及待地想找出答案。我跟伊莉莎白說，我想到巴基斯坦探視阿卡莫與他的妻子。

伊莉莎白說：「你不能去。」

「為什麼？」我問。

「基於三大理由：班傑明、卡洛琳、諾亞。」她說。

「妳無理取鬧，我又不是第一次去那裡。」我說。

「那已是三十多年前的事了，今非昔比。」她說。

「哪來那麼大差別。」我反駁。

「怎麼沒有，你現在多了三個孩子——還有我。」她說。

因為一時無法達成協議，兩人決定先將這件事擱一擱，等不得不再議時再說。不過根本不用等那麼久，就在感恩節之前，阿卡莫來電，捎來令人意外的消息。「你好啊，里。我現在人在密西沙加。」

「你怎麼會在那裡？」我問。

「我在這裡找到了工作，在社福機構擔任顧問與治療師，工作不錯，所以我決定提早移居到這裡。至於諾芯與小孩，要到七月學期結束才過來。」

「我什麼時候可以跟你見面？」我問。

「下週末可以嗎？」

阿卡莫到多倫多國際機場接我。一開始我很緊張，至少過了半個鐘頭，才慢慢放鬆心情和他對談。離開機場的停車場，開上高速公路，進入我們要走的路線，接著下右邊的交流道，整個過程不僅他全神貫注，連我也不敢鬆懈。換作我是司機，初來乍到一個大城市，一定也跟他一樣手忙腳亂。所以我只寒暄閒聊，若他沒反應，我也不會介意。

直到他把車停好，走出車庫，進入電梯，他才開始放鬆，重新將注意力擺在多年不見的朋友身上。我們搭乘電梯到二十六樓，然後他拿出鑰匙，開了門，讓我進入他的新家。

「嗯，我們到了，里。很開心看到你。我去調一下暖氣的溫度，然後倒杯水，你自便，不要拘束。」

我對阿卡莫公寓的第一印象是好小：一房、一衛、兩廳，格局不錯，但是容納一家三口（女兒住校），實在是又擠又小。不過地點倒是不錯，位於二十六樓，樓下的「一號廣場購物中心」是北美最大的購物中心之一，交通四通八達，五條從多倫多通往全國的高速公路就在附近。

照片裡可以看出阿卡莫在拉合爾的住家非常寬敞舒適。他還請了四個傭人——廚師、司機、洗衣婦、女僕。在其祖國，人均收入是九百二十六美元，阿卡莫和妻子諾芯算是高所得，過得非常優渥。反觀在加拿大，他和妻子得自己採買、煮飯、洗衣、耐心等孩子用完衛浴。他難道不擔心生活品質大幅下降嗎？

「多年來，我覺得自己一直在原地踏步，沒有學習新知，也沒有更上一層樓。為了尋夢，我得做些犧牲。不過我跟你說，收穫一定很可觀。」

阿卡莫希望每年有半年時間待在加拿大，為越來越多的巴基斯坦裔移民服務。他說：「服務於診所可以讓我精進專業技能、拓展人脈。我在故鄉的同仁，到了六十歲多半選擇退休，而我才正要踏上新的征途。」

那晚我陪阿卡莫參加他公司舉辦的耶誕派對。多數人認為（至少我是如此），參加公司派對是義務，忍耐大於享樂。大家習慣啜著酒，東拉西扯，一等老闆前腳離開，立刻緊跟在後，作鳥獸散。

不過阿卡莫到了辦公室，慎重其事地拿起名牌，別在休閒外套的翻領上，仔細調整位置，方便大家辨識。他在會場熱絡地和每一個人寒暄，彷彿對方是全世界最重要的人物。

八字鬍下露出大大的笑容，異於常人的白髮下雙眼炯炯有神。他說：「嗨，我是阿卡莫，剛到這裡上班，很榮幸認識你，和你共事。」你若在現場，心裡應該會想：「他好真、好可愛。」他的確是這樣的人。更正確地說，他是人山人海會場裡唯一一個認真看待公司派對的人，視之為個人與生涯更上一層樓的重要里程碑。

派對結束之後，阿卡莫的老同學夏希德（Shahid）前來加入我們，三人一起喝茶聊天。夏希德自法學院畢業後，一直住在密西沙加，育有三名小孩，均已長大成人。目前他在行政與消費者服務部擔任顧問，處理職場種種歧視。夏希德幽默風趣，滿腦子致富、成名、改變世界的鬼點子。不過若被逼到絕境，夏希德就開始打太極、官腔官調，性情如此，說到工資等級也是這副反應——這點和阿卡莫南轅北轍。

「你現在從事的計畫很棒，里。我們每個人都有未履行的人生功課，都有該做而沒做的事情。我們必須在死前好好交代清楚，才能讓靈魂安息。」他道。

阿卡莫對我現在的所作所為提出不同的見解。「重點不在於死得平靜，而是繼續前進，將潛力發揮到淋漓盡致。」

「你這是什麼意思？」夏希德問道。

阿卡莫啜了一口茶，接著道：「完成一件事，你得具備足夠的心靈能量。假設你有十公斤的能量，這個量固定不變，只能出不能進，若你沒有完成該做的功課，能量會耗損殆盡。」

阿卡莫給了我們一道假設題：沒有告訴老婆我們生氣所為何來就離家出門，結果會如何？他說：「你內心有一堆的火氣，這將耗掉半公斤的能量。當老闆狠刮你鬍子而你默不作聲時，又少了半公斤。你想哭，但是逼自己隱忍，能量又掉了半公斤。以此類推，每壓抑或否認一次，就得付一次代價，減損你擁有的能量。我的解釋夠清楚了吧，夏希德？」

「清楚之至。」他笑道。「我老婆覺得我早該在幾小時之前到家，照你所言，我今晚的心靈能量大概跟老婆親熱嘿咻的機率一樣低，都是零吧。」

「除非你送她一束玫瑰，告訴她你好愛她。」阿卡莫道。

「你知道我老婆的為人嗎？」夏希德開玩笑地問道。

「你真的想知道？」阿卡莫笑道。

「我覺得你說的非常有道理。」我戛然止住笑聲，道出自己的看法。

「我的工作就是減低未竟功課對當事人的壓力，恢復他們的心靈能量，讓他們過得更豐富、更充實。」

「這也是我現在的工作，努力消除過去惡形惡狀，好讓自己過得更豐富、更坦率。」

我說。

「我懂。」他道。

我知道他懂，因為這是他的工作。他懂，因為他知道我的為人，了解我喜歡拍照，不論在克利夫蘭或拉合爾，一定帶著相機，拍下感動我的一切。他懂，因為他知道年輕的我什麼都想嘗試，想當按摩治療師，也想幹律師。他懂，因為他知道我曾為了讓他拿到綠卡，不惜出借女友和他假結婚。我喜歡阿卡莫當年認識的我，現正積極追尋、努力回收。

週六早上，我們開車到一棟普通的辦公大樓。附近大樓林立，沿著密西沙加市郊多條高速公路而建。停車場空空盪盪，大樓的大廳也空無一人，除了一位巴基斯坦裔工友正在打掃。

阿卡莫和我搭乘電梯到二樓，進入他和另外一位治療師共用的辦公室。他十一點有排診，是他在此的第一位病患。看得出來他很興奮，灰色長褲、藍色雙排釦西裝外套、紅色領帶，希望讓求診者留下好印象。我不想打擾他工作，所以在門診預定時間前十五分鐘，我拿了本雜誌到隔壁辦公室。

結果我被阿卡莫搖醒。「醒醒，里，你睡著了。」原來我在沙發上睡著了，雜誌擱在胸口。

「我有打呼嗎？」我問。

「非常大聲。」他道。

「你看診還順利嗎？」我問。

「我的病患放我鴿子，一直沒出現。」他說。

「他有打電話來取消嗎？」

「沒有。病患臨時退縮的頻率很高，我已習慣了。」阿卡莫說。

我很清楚這次門診對他的重要性，不免替他難過。「你要不要再多等幾分鐘？」我問。

「謝謝你，里，但是真的不需要。你小睡之後，一定會肚子餓，我們去吃點東西吧。」他說。

「有些習慣真的是改不了。」我笑道。

「我們去吃午飯吧。」他說。

我們步入走廊，看到剛剛那位巴基斯坦裔工友，他站在走廊陰暗的一角，旁邊有兩位看來也是巴裔移民。他們脫掉鞋子，把禱告墊鋪在地上，照著可蘭經規定，開始朝聖城麥加的方向祈禱。全球穆斯林的禱告方式幾乎一致：先端站，用大拇指碰耳垂，齊聲誦念「真主偉大」，然後鞠躬，雙手覆膝，用阿拉伯文念出：「我讚頌無可挑剔的偉大真主」，然後再次端站，複頌「真主偉大」。

「你也像他們那樣禱告嗎？」步出大廳時，我問阿卡莫。我記得我們住在一起時，沒看過他禱告或參加清真寺的活動。不過他和諾芯結婚後，說不定變了。

「只在齋戒月期間才會那樣禱告。我是穆斯林，但並未嚴格遵守教規。我自小看著父親每天禱告五次，但我和諾芯都不是這樣。」他說。

我心想，他自己是靠相親結婚的，不知未來會不會也幫小孩安排結婚對象？會不會希望小孩循規蹈矩，別跟婚前的他一樣叛逆？我打從心底希望小孩早點結婚，別跟我一樣拖到四十三歲，否則可能到八十歲都還無法含飴弄孫，想到這點就覺得辛酸。

「我的小孩可以隨心所欲，愛做什麼就做什麼。」他道。

「記得我父母嗎？他們老是擔心我未來前途無亮。」我問道。

「記得。他們對你在餐廳當調酒師、未來想當作家，非常不以為然。他們覺得，你雖然身為長子，又畢業於常春藤名校，可是大概找不到像樣又有健保的工作。他們也不喜歡艾爾絲，因為她不是猶太人，又沒有稱頭的工作。我記得你為此心煩不已。」他說。

「的確是。我被他們搞得快瘋了。反觀你的父母，一定非常開心你返國，娶了個穆斯林。」我說。

「確實如此，不過也不是一直都一帆風順。我是獨生子，有責任照顧父母。此外娶個善良的穆斯林妻子也是我的義務。」

「諾芯知道艾爾絲的事嗎？」我問。

我至今還記得阿卡莫與艾爾絲結婚的日子。婚禮在治安法官的辦公室舉行，阿卡莫和我穿上唯一的休閒外套，艾爾絲則是一襲白色復古洋裝。我身兼伴郎、花童、攝影師。公證人宣讀結婚誓詞時，男女雙方不斷眨眼、互擁，但是沒有戒指，也沒有親吻，旋即離開會場。當天晚上，我們在家裡辦了個小型派對，喝酒跳舞，然後艾爾絲和我相偕回房。

不知阿卡莫是否對諾芯隱瞞艾爾絲一事？

「我們結婚前，我把艾爾絲的事告訴了她，她並不介意。她有很多朋友也被迫假結婚，以便順利完成學業或拿到綠卡。」阿卡莫說。

阿卡莫和我來到一間吃到飽的餐廳，裡面擠滿了狼吞虎嚥的大人與小孩。盤子裡的披薩、壽司、布丁、蔬菜、水餃、烤雞、甜點、豬排堆得如山一般高。吃完了一盤，再接再厲，跟我們一樣。我們的桌子比較靠後面，兩人聊起在克利夫蘭的日子。

兩人吃完了整整兩大盤的蒸餃後，阿卡莫說：「加拿大與克利夫蘭徹底改變了我的人生。」

「怎麼說？」我問。

「搬來這裡之前，我對工作只付出百分之四十的心力，在這裡，我學會付出百分之百。我開始主宰自己的人生，對工作、人際關係、種種一切全力以赴、全心全意。」他說。

服務生端來一壺茶，阿卡莫跟她道謝，然後幫我們各倒了一杯茶。

「乾杯，」他道。

「乾杯。」

「若是我二、三十歲時，選擇留在巴基斯坦，沒有來美國，我不會有今天萬分之一的成就。我會對人生的一切，既懶散又漫不經心。」

基於當年和他共同生活的經驗，很難想像他會遊手好閒、吊兒郎當。他在克利夫蘭那幾年，除了念研究所、在餐廳打工，每週還撥出兩天，一天在義診診所擔任志工，一天在較為高檔的「理性情緒行為療法研究院」替病患提供諮商。義診診所病患的問題不脫毒癮、酗酒、失業、婚姻，全都超出他的生活經驗，但也給了他機會改變。

「以前念中學與大學，我非常膽小怕事，不過在克利夫蘭，我慢慢敢涉險，挑戰自我的極限。我學會取捨，並對自己的選擇負責。就連在『希臘瘋子』，對我都是寶貴的成長經驗。」他說。

「怎麼說呢？」我問道。

「我必須端盤子、擦拭桌子、削馬鈴薯皮，開始接觸以前不曾碰過的東西。在巴基斯坦，父母過於重視學業，希望小孩出了社會找份用腦的工作，任何用到手的勞力或粗工，一律被嫌棄。在『希臘瘋子』，我覺得自己完整、沒有缺憾。」

有件事我一直很好奇，不知阿卡莫在美國會不會覺得被歧視？是否因為膚色以及怪腔怪調而少拿了應得的小費？是否被人視為恐怖分子？

「沒有這回事，」他道。「我剛到加拿大的時候，一些不良少年叫我『巴基佬』，大概一兩次吧，之後就沒再發生過了。」

我也很想知道，身為巴基斯坦裔，是否不利他的愛情生活。阿卡莫和女人的關係似乎僅止於朋友，鮮少能進一步發展為男女朋友。就算有，通常也僅維持幾週就沒了。「有沒有女人因為你是巴基斯坦人而拒絕和你約會？」

「沒有，」他道。「唯一的障礙是我對自己設限太多。」

「你的意思是什麼？」我問道。

他頓了一會兒才開口，但感覺似乎過了一輩子。「我交過幾個女友——彼此相處甜蜜而愉快，但我沒法全心全意投入感情，關係發展到某個程度，就會急踩煞車提分手。」

「為什麼會這樣？」我問道。

「因為我怕自己做得不好。擔心一旦感情涉入太深，可能會在美國結婚定居，永遠回不去巴基斯坦。這是我的……」阿卡莫話說到一半忍不住哽咽哭泣，因為哭得「驚天動地」，整間餐廳的人都往我們這兒瞧，一位服務生還特地趕過來關心。

「謝謝你，我沒事。」他告訴服務生。

他擦乾眼淚，用手帕擤了擤鼻子，繼續道：「有些關係，其實我很想繼續走下去，但是我沒有給對方丁點機會。」

「為什麼？」我問道。

「明知道自己遲早要回到巴基斯坦照顧雙親，我哪敢跟加拿大或美國的任何一個女人認真？這樣對對方或我都不公平。」然後他繼續剛剛哭泣前講到一半的句子。「這是我保護自己的方式，是我繼續當父母乖小孩的方式。」

我一直不知道阿卡莫的人生悉數繞著侍親義務打轉，不知道這對他造成莫大的痛苦，害他對男女關係裹足不前、瞻前顧後。每次他「盡全力」發揮潛力、發掘出自我的另一面，或是發動感情與身體引擎全力衝刺時，總是忍不住急踩煞車，不敢讓自己放手去愛。而今他重回加拿大與美國，坦然面對這些痛苦，勇敢向前。

我們兩人默契十足地分享這一刻，希望在各自的舊我與新我之間找到平衡點。此外，將過去與對方融入我們各自的人生。

我想要釐清自己的人生，所以心急地想知道阿卡莫對那段在克利夫蘭一起生活的看法，以及對我的見解與剖析。「你最記得什麼？」我問道。

「關於你嗎？我很高興有你當室友，因為你對巴基斯坦頗有概念。我喜歡你的衝勁與冒險精神，也欣賞你對其他人、異國文化抱持的好奇心。再者，你口才佳，喜歡先逗對方，引起對方注意，然後再討饒。我一直希望有你這種能耐，可惜學不來。你周遭總是圍了一群人。」他說。

我早忘了那部分的我。認識阿卡莫之初，我甫自印度返國，有一堆的新鮮事和大家分享。結婚生子、當上雜誌總編輯後，旅行多半是因公出差，能說的新鮮事屈指可數，也不太需要把在外鋌而走險的故事掛在嘴邊，讓他人對我刮目相看。我念念不忘那部分的我。

不過這可能就是不斷向前、轉大人的代價吧。我們每個人多少都得為長大付出代價吧。

「我們共用一間書房。」阿卡莫道。「看著你敲著打字機，我自己也跟著振奮。」

我記得那時多半盯著窗外的社區花園。阿卡莫和我剛搬入那間公寓時，花園荒蕪，了無生氣。不過我們搬離時，花園生氣勃勃，綁著馬尾的花農忙裡忙外，翻土，除草，收割番茄、黃瓜和萵苣。

隔壁鄰居是位不滿現狀、陰鬱嚴肅的年輕人，走在街上老是行色匆匆，不喜歡正視別人的眼睛。他當年是檔案管理員，後來靠畫漫畫《美國之光》（*American Splender*，曾改編成電影《小人物狂想曲》）享譽全國。

這位檔案管理員有時會和我們的室友艾伯一起過街，艾伯會以他最快的步伐匆匆趕回家。他的攝影工作坊就在公寓附近，但是裡面沒有浴室，所以他必須回家盥洗，每次不花上幾小時不會出來。艾伯霸佔衛浴間的時間很固定，加上刻不容緩，所以我從來不會和他爭。我會出門到街上另一頭的咖啡廳，加入一群中了咖啡因與尼古丁毒的可憐人，大家一邊等位子，一邊熱烈討論藝文與政治。

有時候我對自己過於苛刻。由於我對寫作或艾爾絲都做不到全心全意，不由得懷疑自己是不是哪裡有問題，唯恐自己最後會淪為流連咖啡廳的嬉皮，或一事無成的中年調酒師，只會空談寫作夢，卻遲遲寫不出一個字。

「我離開的時候，你還在摸索未來要做什麼，心不在焉地遊走於記者、律師、拍片等職業。你對工作與男女關係都只有三分鐘熱度。」阿卡莫說。「打探你後來都做了些什麼，對我是非常愉快的事，因為你成就頗多，全靠努力與不懈才辦到。」

現在換我想哭了。過去二十年，我沒有一天停止工作，也沒有一天不想工作的事，忙到無暇為自己加油打氣。雖已五十五歲，卻還像個小孩，渴望父親的讚美。阿卡莫不吝美言，大讚我今天靠著努力與全心全意累積的成就，不像二十幾歲吊兒郎當的模樣。他的肯定與讚美讓我既驕傲又不好意思。

「還請多多見諒，」我道。「我對自己太苛刻了，從不曾為自己打氣過。」

「我知道。」阿卡莫道。「不過今後你得對自己好一點，若是實至名歸，你就大方跟自己說『做得好』。就算是不足掛齒的小突破，也別忘了給自己掌聲。這一課是從我教的孩童身上學來的。若一個自閉症小孩肯碰另外一個小孩，或能用三個字造出一個句子，他的成就之大，不輸登月。」

阿卡莫知我懂我，一如我知他懂他。因為他，我終於領悟了一個簡單的事實：從前的我影響今天的我；現在的我是過去的累積。

二十幾歲的我，在我眼裡要嘛是充滿無限可能的黃金十年，要嘛是一事無成的失落十年。其實兩者應該是並存的。那十年是我人生的重要階段之一，是我擺脫年少輕狂進入成人階段的分水嶺。對於那十年（或人生任何一個階段），我不該朝思暮想念念不忘，也不該數落痛斥。之前交往的女友——為艾爾絲寫的情詩，都為今天我和伊莉莎白、我和小孩的關係奠基鋪路，讓我心甘情願、全心全意呵護這個家。撕毀丟進垃圾桶的字句與文章，在心裡一一埋下種子，等著在專業領域裡開花結果。每個人生活累積的點點滴滴——不論是人或事，都是另一件事的序幕或開端。

這趟旅程始於擔心阿卡莫的安危，擔心他以及他的家人受到九一一恐怖攻擊的拖累，所幸只是窮操心。這趟旅程從救援的初衷變成探索之旅，各自挖掘人生裡截然不同的兩階段。在充滿無限可能的青春歲月，我們有的是精力與幹勁，義無反顧地放手去追喜歡的女人與事業，心門大開，來者不拒。數十年過去了，我們的心門多半緊闔，不過摸索後推開的那扇門，或許能引領我們進入真正所屬的世界。

阿卡莫和我蛻變成大人後，不確定自己會不會受不了昔日誘惑而走上回頭路。阿卡莫擔心，自己會不會禁不起誘惑而返回西方，棄父母於不顧？他對老友念念不忘，會不會影響他和諾芯婚後的生活？其實我也有類似的顧慮。我忘不掉艾爾絲以及克利夫蘭那些愛做夢的死黨，會不會影響我對家人以及事業的付出與心力？

阿卡莫和我往前衝刺人生，將友誼撇在腦後，直到現在才迫不及待地想撫今追昔、重溫舊夢。兩人不約而同地體會到亙古不變的真理：一切都有其時間表。時候到了，就該受父母庇蔭，亦步亦趨跟著父母；時候到了就該往外探索，踏遍每一條機會之路；時候到了就該選定一條路，沿著路走進森林深處；時候到了就該找個空地蓋間房子，讓一堆的朋友與小孩塞爆房子。

時候到了就該打理未竟的人生功課，就該拴緊鬆掉的螺絲。時候到了就該與朋友圍爐促膝長談，將所學所見織成可共享的人生故事。

那晚，阿卡莫煮了一頓道地的巴基斯坦料理，有雞肉燴飯、沙拉、烤餅、黃瓜薄荷酸奶蘸醬（raita），飯後甜點則是炸奶球（gulab jamun）。我坐在客廳的沙發床，打開電視觀看曲棍球比賽，聞著從廚房飄來的「古早味」：薑、桂葉、豆蔻調味而成的香米，抹了奶油的烤餅，辛辣的咖哩味。

在克利夫蘭那段日子，只要印度或巴基斯坦的友人遠行（如PK回印度探視生病的父親），阿卡莫就會像今晚一樣，下廚煮頓道地的料理。有時下廚是慶祝友人踏上心靈之旅，例如羅基（Loki）決定和希臘老婆妮基（Nikki）和好如初，或是穆茲（Muz）交了女友。那晚和阿卡莫的重逢之餐，是為兩趟旅程下註腳：一是阿卡莫移民加拿大以及我到加拿大看他；二是兩人「破鏡重圓」。這頓飯等於祝賀我們的人生新添了這兩章。阿卡莫開了一瓶紅酒，兩人舉杯，為生活中順心如意的一切（包括妻子與小孩）乾了一杯。接著大快朵頤，我們用右手（絕對不可用左手）扒飯，用一張烤餅包上雞肉變成捲餅，用黃瓜薄荷酸奶蘸醬緩和麻辣的舌頭，將冒著煙的熱騰騰雞肉啃得只剩骨頭，最後吞下超甜的炸奶球，管他熱量與身材，先吃了再說。

「你還好嗎，朋友？」

「好極了，而且吃得好撐。」

「和平與你同在。」

「和平與你同在。」

第五章　原諒我曾詛咒你

——忘掉宿怨

高中三年，崔普處處跟我作對。他想方設法搶我鋒頭、扯我後腿。一切恩怨始於高二兩人在足球場上的較勁。每次練習往左邊線跑準備接球時，都會被他擒倒。

他之所以次次偷襲成功，是因為我們隊上的攻擊線鋒（offensive guard）會跟崔普打暗號，洩漏我移動的方向。有次練習，崔普擒倒的爆發力過大，兩顆門牙因不堪撞擊血流如注，我被緊急送往醫院救治。其中一顆門牙從中斷裂，必須裝上牙套。由於牙套顏色過黃、尺寸又過大，從此我每次笑，都絕不露齒。

崔普老是跟我作對。他號召死黨投票杯葛我，讓我無法當選學生會會長，害我和高中三年唯一覬覦的領導位子失之交臂。此外，竟然是崔普而非我，獲選棒球校隊的隊長，儘管我獲得的優異勳章（varsity letters）比他還多，又曾是夏季賽最佳球隊的當家投手。我覺得崔普宛若專門剋我的希特勒，時時提醒我猶太人的身分：杯弓蛇影、智識發達、可任人宰割。

他並未明目張膽在我的置物櫃畫上納粹黨徽，也沒寄匿名黑函給我，指控我是殺害耶穌的兇手。他只要對我露出不懷好意的笑——不對，應該是不屑一顧的冷笑，就夠我難受的了。崔普的冷笑讓我按鈕（怒火）全開。他的冷笑似乎在說：「你表裡不一，克拉維茲。你是書呆子、足球遜咖、棒球過氣明星、猶太豬。」

我永遠忘不了在畢業舞會上，他看著我和女友喬伊絲的表情。崔普攬著女伴，用計逼近我們，故意在我們面前將女伴越摟越緊，然後從頭到腳將喬伊絲打量了一遍，對著我們冷笑，似乎在說：「好好看著，克拉維茲，看我怎麼摟緊懷中的美女。這種美女，你根本配不上，只能奢想。」

崔普非常擅長拿我的弱點作文章。頻遭打壓的我，不斷被矮化，最後彷彿縮小到只剩兩英寸高。過去四十年，我既沒看過他，也沒跟他說過話，但他卻持續糾纏我——在我夢裡。他彷彿在我體內生了根，趕也趕不走，目的就是要掏空我，讓我行屍走肉。一想到崔普，全都是倒楣與不堪的記憶。

二〇〇七年春天，我獲悉崔普過世。一位友人告訴我，他被德州警方發現陳屍在臭水溝，身旁躺了兩個伏特加空酒瓶。

多年來，我一直詛咒他不得好死——一種以牙還牙的報復心理。不過現在崔普既已過世，而且死相之慘超出我的想像，對他只剩傷心與內疚。我也說不上為什麼，但就是覺得自己和崔普的恩怨未了，因此有次趁著到克利夫蘭探視姑姑佛恩之便，打了電話給崔普的長年好友，安排一起聚聚喝個小酒。

我和法蘭克相約在克利夫蘭美麗市郊沙格林瀑布村（Chagrin Falls）的一家餐廳。實在很難將他和崔普視為死黨，因為一個是和藹善良的居家男，一個則是遊手好閒的酒鬼。不過他們大學當了四年室友，畢業後仍保持聯繫，直到崔普過世。

「他大學就開始酗酒了嗎？」我問。

「哪個人在大學不買醉？我會，崔普也會，沒有人例外，但沒有人比他更嚴重。」法蘭克說。

我向法蘭克道出高中時如何被崔普欺負，因為他看不慣我與眾不同。我舉自己在足球場被崔普擒倒，牙齒斷裂血流如注的慘狀，作為最具代表性的鐵證。

「崔普老愛將這事掛在嘴邊，所以我聽了不下三十次。」法蘭克道。

「他為什麼要這樣？為什麼專找我的碴？」

「他沒有。他說到這事時，好像不曾提過你的名字。他說的都是戰術：哨鋒戴夫站定位置，然後用手指示意跑衛衝鋒的方向。三指代表截鋒和邊鋒之間有漏洞；兩指代表截鋒和哨鋒之間有漏洞；一指代表哨鋒和中鋒之間有漏洞。等跑衛往前推進，要過崔普這關的機會微乎其微。這跟你或其他任何人無關，而是崔普一心一意只想求勝爭第一。

「我想，崔普並未因為把你撞得血流如注而開心。」法蘭克接著道：「我收回這句話。其實他樂見別人受苦，不管是我或任何一個人受苦都一樣。所以當時不管是誰的牙斷了，都會讓他沾沾自喜。你的斷牙對崔普而言，絲毫不具任何意義。還有，你錯怪他了，他並不反猶（anti-Semitic）。真的，我從來沒在他身上發現反猶的言行。」

我此行的出發點是因為確信崔普反猶，看我不順眼，所以老愛欺壓我；如今想彌補一些愧疚感，是因為我對他曾心懷報復。結果現在才發現，我在他眼中，一點也不特別。

「坦白說，我不懂你怎會如此在意崔普，對他如此耿耿於懷？說真的，他很可憐。」法蘭克道。

他透露崔普在戒癮中心屢戒屢敗的遭遇：他先是在「海瑟頓中心」（Hazelden，協助許多名流戒毒戒酒的非營利組織）接受治療，後來落魄到和一堆酒鬼擠在克利夫蘭一間破爛旅館的單人房。偶爾他會向法蘭克借錢。有次他向法蘭克借錢買車；還有一次開口欲借二十萬美元動手術。過世前幾天，他在法蘭克的語音信箱留言，說是需要三萬美元，但並未明說借錢理由。法蘭克並未回他電話，後來就接到崔普的死訊。其實警方並不是在臭水溝發現他的屍體，而是在他家的地板上。他也不是葬在窮人公墓，還有四百多人（包括我們班同學）參加他的葬禮。

他的訃文提及他的豐功偉業，說他曾征戰波士頓、紐約與克利夫蘭的馬拉松賽。撰文者形容他不服輸、戰鬥力強、志在必得。讓我印象最深刻的一句話是形容他「妙語如珠、詼諧逗趣」。他的姊姊稱：「崔普對於笑話過目不忘。他路過朋友的辦公室，會進去和櫃台接待員哈拉，謊稱他是國稅局官員。」

崔普也許有他的魅力，但他也是惡魔，否則不會把自己的人生搞得一團糟。崔普變成學校的惡霸，因為不幸的人習慣靠欺負別人、讓別人難過，減輕自己的痛苦。

法蘭克說，他不懂我何以對崔普如此耿耿於懷，其實他點出了一個重點。我邁向人生下一關之前，必須先釐清自己何以對崔普反應如此激烈？何以讓他在我心裡佔據如此重要的地位？

回顧過去對我而言並不容易。念中學時，我覺得自己是局外人，是情緒表達的低能兒。父親剛失業，無力負擔我的學費，我是班上三位靠獎學金就讀的學生之一，我也是班上屈指可數的猶太人之一。我成績優異，獲頒中學智育／體育獎殊榮，所以老師、父母、校隊教練對我寄予厚望，可惜我的表現不盡如他們的意。高二，我加入足球校隊，不過漏接次數高於達陣，而且受了重傷。此外，我也是棒球校隊的先發投手，平均防禦率是一．二。不過後來在一場重要賽事中不幸扭傷手臂，不僅打碎了棒球夢，也葬送了進入大學校隊爭取獎學金的機會。總而言之，我進出急診室的次數與時間，似乎超過上場的時間。

我缺乏安全感，老覺得會有大難臨頭，疑神疑鬼的我，催生了原本不存在的反猶情結，把崔普變成了伊迪．阿敏（Idi Amin，烏干達前軍事獨裁者，也是世界知名的殺人魔王）。我一心想報復他，除了以牙還牙，也包括「甜蜜復仇」。所謂甜蜜的復仇是：將來一定要出人頭地功成名就，讓他再也傷害不了我，也無法再對我冷嘲熱諷，罵我是敗將、騙子、過氣球員。

我想崔普一定也被類似的恐懼糾纏。若我早點了解真相，也許對他會有不同的反應。在足球場被撞得血流如注後，也許拍拍屁股一走了之，不會心存任何偏執。那場比賽對任何一個十五歲小孩都是了不起的成就。

說來好笑，也可以說是人同此心，心同此理。我丟掉工作後，情緒五味雜陳，這種複雜的心情，一如崔普與他的同謀戴夫害我血濺球場時我的反應。我覺得自己彷若傀儡，任人擺布、慘遭排擠，這些人下手前毫無預警、事後也不作解釋，就這樣硬生生打斷我的腿，讓我坐以待斃。我這麼信賴他們，對他們盡心盡力，希冀他們出手保護我，不料他們卻這麼會算計，這麼殘忍，為什麼？

我腦海中不禁浮出一個畫面：之前同事圍繞董事長的辦公桌，恭賀他排除萬難，做出辭退我的痛苦決定。

四十年前，我腦海的畫面是崔普與戴夫在場上拍手叫好，慶祝我血流滿面步出球場。我失業之後，腦海中一直揮之不去被辭退的那一刻，糾纏長達數週之久。當時我和高層之間的對話情勢完全是一面倒，無說話餘地的我只能回應：「什麼？你一定是在開玩笑。」不過反省之後所得的後見之明，讓我多了定見與智慧，若再重來一次，我應該敢堅定地跟高層說出真相。當初我曾對崔普心存報復，同理，我也曾想報復之前的老闆，詛咒他們隔天早上到了辦公室會得到報應，讓他們也嘗嘗措手不及、無法招架的殘酷滋味。

不過心存報復，根本無法消我心頭之恨，反而強化這些仇人對我的操控。有一次三更半夜，我突然被噩夢驚醒，夢裡淨是我覺得可能害我失業的前同事嘴臉。夜以繼日，我花太多時間跟這些人胡攪蠻纏，弄得自己心力交瘁。

然後有天早上，我接到一通電話，對方的聲音讓我陷入思考。來電者是我年輕時交往的女友梅樂蒂（Melody）。我已二十多年沒跟她說過話，她是我這輩子認真交往的女友之一，比我大五歲，看到她就會聯想起伍迪．艾倫的電影《安妮霍爾》（*Annie Hall*）裡黛安．基頓（Diane Keaton）扮演的角色。梅樂蒂不僅長相像安妮，衣著打扮也像，古靈精怪的個性與自我解嘲的習慣更像。此外，她跟安妮一樣，都是七〇年代的女性：堅信自己「值得擁有一切」，包括對她五體投地的另一半。對此，我並無異議。不過我花了四年才明白，自己永遠達不到她的標準，除非把自己徹底變成另外一個人。

再次聽到梅樂蒂的聲音，我很開心，便相約見面聊聊近況。我們最後一次見面時，她已搬離克利夫蘭，前往德國，然後在蘇黎世的榮格研究院（Jung Institute）深造，取得臨床心理學博士學位，成為一個專業的精神分析師。再過一年，她將步入六十歲大關，正考慮搬回克利夫蘭，就近照顧姪兒、姪女與自己的兒子。她跟我說，她打算打理自己未竟的功課。

梅樂蒂的博士論文探討的是原諒，這下勾起我的興致，畢竟原諒是修補關係的核心。我問她，何以選擇原諒為論文主題？她說，她和母親的關係很僵，多年來一直努力改善，寫論文時，母親重病不久於人世，她男友也對她「照顧得不夠周到」。

她透露，發現這兩件事其實是息息相關後，她從中得到靈感。她說：「男友不願聽我說話，對我置之不理，反而撕開我內心深處根深柢固的傷口，這傷口因為母親的疏離與冷漠，自小累積至今，讓我心裡充滿了憤怒，隨時可能爆發。」

我記得我們交往時，我就是她的出氣筒。她會突然提早離開派對，或是不睡覺坐在床上，指控我對她不夠體貼，漠視她的需要。對此我反應激烈：除了生氣、買醉，也會指責她自以為是、不可理喻。

我急著想知道梅樂蒂得以突破的關鍵。

「有一次，我們兩人相對而坐，男友說了一些非常傷人的話，我整個人愣住了，魂不守舍。突然，腦海中浮出一個畫面，一個小嬰兒從搖籃摔到地上，身軀凍僵、沒人理會、孤零零一個人。這畫面糾纏不放，然後我恍然大悟，『這凍僵的嬰兒就是我，是我的一部分，只是一直被我漠視。該開始聽它講話，好好照顧它。』一旦搞清楚這點，我慢慢原諒男友，然後重新關照我漠視已久的那個我。」

梅樂蒂語氣溫柔和緩，充滿感情，我覺得她不僅原諒了男友、母親、她自己，還包括那些曾經「對她照顧不周」的人，其中一個就是我。此外，我發現她跟以前我們交往時不一樣：她謙虛、樂於分享她所學所得。以前我們交往時，她對任何新鮮事都只有三分鐘熱度，喜新厭舊，認為每一樣新發現都是「真道」（One True Way）。不過顯而易見，真正讓她深化與內斂的東西，並非靠外求，而是反躬自省，認識自己。

梅樂蒂努力走上這趟辛苦費力的道路，希望更了解自己，她的努力終於有了收穫。她找到了她稱之為「被漠視、羞於見人、只能躲在陰暗中」的自己，開始好好照顧善待它。這樣的她，讓我放心地敞開心和她談天說地。我告訴她，我尚未走出失業後自慚形穢的心態，晚上經常失眠，心裡充滿不平與報復之心。

「彷若你著了魔，被邪魔糾纏附身了。」她將我的情況比喻為中世紀的中邪，說道：「彷彿你的靈魂被惡魔霸佔了，對吧？」

「沒錯，彷若妖魔在我心裡落腳定居，我該怎麼把他們趕出去？」我說。

「動開腦手術？」她笑道。

「別逗了。」我答道。

「你該做的是勇敢正視心裡深處腐臭不堪的糞便與垃圾，感受讓你煎熬難過的一切情緒，諸如恐懼、困擾、痛苦等。這是第一步。接下來，要像個好奇寶寶，抽絲剝繭地分析這些令你不舒服的情緒，然後自問：『嫉妒、恨意、不受重視、不被了解等情緒是打哪兒來的？』以我為例，我對男友發飆，其實是起因於小時候所受的傷害，害男友遭池魚之殃。有了這層體認，原諒為之不遠。這是一門不容易的功課，所以我建議大家，多和我這種人談談，請他們給些意見與指引。」她說。

「換句話說，失業這事其實是當頭棒喝，意在提醒我。就像之前受欺負後的反應，失業讓我心生恐懼、充滿不安全感與報復心。」

「沒錯。」

「接下來第三步是什麼？」

「你必須坦誠面對自己。注意力不該老圍著老闆恩將仇報、拿你當墊背等打轉，而是該回頭反省自己的行為。你之所以被開除，是否**你**也得負部分責任？是不是有些事，如果**你**做了，結果也許會不一樣？」她說。

「然後呢？」

「如果你能跟自己說：『我受夠了，我要跟痛苦說拜拜』，而且你真的說到做到，表示你已做好準備，可以原諒你自己以及錯待你的人。」

「不過你怎麼知道你做到了？」我問。

「無法一蹴可幾，要慢慢來。總有一天你會發現，情緒可以維持不慍不火，不會動不動就發飆。心裡的敵意、雜音、報復心逐漸冷卻，終至消失。」

我和梅樂蒂交談的時間已到，接著她得飛回柏林，另外一位病患等著向她討教，不過得付鐘點費就是了。

與梅樂蒂交談之後，我重新思考腦袋的雜音。顯然我對老闆與上司的不平，和四十年前我對崔普的感覺如出一轍，搞不好還可追溯到更小時蒙受的創傷。再者，我自己也得為被迫走路負起部分責任：我早該改善和上司的溝通方式，畢竟他們的目標就是我的目標；早該做更多的讓步與妥協；不該固執己見；不該目中無人。

梅樂蒂說得沒錯：一旦認清受人欺負時，自己可能扮演的角色，報復心就不再那麼強烈。

問題是，我怎麼會一開始就讓自己陷入這樣的困境呢？這問題我覺得更嚴重也更根本，一定要搞清楚。

分析之後，原因越來越明顯。首先，我彷彿戴了眼罩，拒絕看清真相。在辦公室裡，一些蛛絲馬跡早已透露我的地位岌岌可危，日子屈指可數，但我拒絕看，也不願相信。若我願意正視，應該會及早找工作，早在老闆開口要我走路之前，就先接受其他公司的面談，或是讓獵人頭公司知道我轉換跑道的意願。可惜我將自己的命運交付在他人手中，偏偏這些人看我不順眼，欲除之而後快。若我未戴上眼罩，對工作應該不會那麼拚命，反而可將更多精力用於摸索自己的下一步。可惜，我工作更加賣力，直到自己被壓垮，甚至犧牲了親子關係。

梅樂蒂發現體內另一個她，彷若嬰兒，全身凍僵、被人棄養，自此脫胎換骨。若我體內也有一個小嬰兒，可能和卓別林在《摩登時代》飾演的工廠生產線員工一樣，是個笑中帶淚的角色。我想像體內的另一個我，在跑步機上揮汗的同時，還得練舉重與看報紙，彷彿有三頭六臂。跑步機速度越來越快，但是我兩手都沒空，所以無法騰出手調整按鈕，降低速度。

我任憑害怕改變的恐懼感坐大，讓恐懼蒙蔽思緒，以致搞不清楚自己真正想做什麼。因為害怕，只好拚命工作，忽略什麼才是人生最重要的課題，結果累積了一堆情緒與感情債。不過現在多少比以前進步了。解決我與崔普恩怨的過程，導引我踏上原諒上司以及放過自己之路，儘管還有一些雜音，但是這些雜音已慢慢降低分貝。

電影《安妮霍爾》裡，我最喜歡艾維・辛格（Alvy Singer）在曼哈頓街頭與安妮不期而遇的那一幕。當時兩人已分手幾個月，不過見面時，兩人開心聊著天，淨說對方的好話，完全不見導致兩人當初走上分手一途的緊張與煙硝味。然後兩人各自踏上歸途。

這正是我和梅樂蒂多年不見後再次相見時的感覺。她跟以前一樣迷人、風趣、聰慧，一如我們當初交往時的模樣。我喜見她在事業上的成就，更慶幸她找到內心裡那個久被遺忘的嬰兒，開始關照並呵護它。她為人謙虛慷慨，送了一份讓我終身感激不盡的大禮：認識到自己其實外強中乾。若想要繼續在人生之路衝刺，我必須保護自己，別再讓自己忙過頭，也不該再讓自己迷失了方向。

第六章 謝謝你，賈維斯牧師

——接受恩師心靈開導

我的心靈導師全名是華盛頓．賈維斯三世（F. Washington Jarvis III），簡稱東尼。在我家由盛轉衰的關鍵期，他適時出現。當時祖父一手創建的公司被賤賣，身為公司董事長的父親一夕之間丟了飯碗，沒錢幫我繳學費，所以我是學校裡少數幾個靠獎學金完成學業的學生。

母親嫁進豪門當少奶奶，沒想到現在卻得外出工作，擔任電話行銷員，對著比她有錢的人兜售她再也買不起的商品。從優渥寬裕到捉襟見肘，讓她害怕，也讓她顏面盡失。屋漏偏逢連夜雨，接著外公伯特驟逝，家裡頓時少了提供慰藉與避風港的管道。

父親是無可救藥的樂天派，堅信一切會雨過天青；母親則認為，一家人隨時會流落街頭。我們小孩卡在中間，不知道該相信誰。

每天郵差送信到家裡，父親一定在門口相迎，以便及時搶下帳單，免得母親發現。晚上，父親就寢後，母親會下樓來抱怨所嫁非人。母親的告白讓我既害怕又不悅。這就是我的家庭生活寫照。而在學校，一連串的打擊與受傷，加上惡霸崔普的欺凌，讓我自信全失。

這時賈維斯牧師出現了。他才二十九歲，是聖公會的牧師，曾就讀哈佛大學、劍橋大學、哈佛聖公會神學院。他學歷高、長相俊挺、自信十足。他脖子圍了神職人員所戴的白領，上課時習慣捲起袖管，我們戲稱彷彿上帝在教室，他倒是沒反駁。

賈維斯的課深入淺出，引人入勝。我們研讀亞里斯多德、蘇格拉底、布伯（Buber）和佛洛伊德。我們也讀新約四卷福音書、沙特和卡謬。我們的報告主題是納粹的心理分析以及愛的真諦。課堂討論了安．蘭德（Ayn Rand）的利他主義，辯論上帝是否存在以及上帝的本質。

這些激盪腦力的討論讓我得以喘口氣，忘掉每晚回到家裡所要面對的痛苦與低氣壓。你來我往的討論也激勵我鑽研歷史、創作小說、指導貧窮弱勢的小孩課業，且憧憬著畢業後進入常春藤名校。

拜賈維斯牧師之賜，我接觸許多偉大的作家與精闢的想法，慢慢看清自己之前視而不見的天分與特質。高三那年，他請我編輯、校對他撰寫的一本基督教書籍。他在該書的致謝辭寫道：「感謝里．理查．克拉維茲巨細靡遺地讀完整本書，提出許多中肯的改善建言。」我對他這番美言感念在心。我敬重的老師這麼器重我以及我給的意見，無形中也讓我進一步肯定自己。

既然這麼感謝恩師，為何進入大學就讀後，忘了跟他道謝，感謝他讓我脫胎換骨，一改自卑？難道是知道其他學生很快會取代我成為他的新寵？為何自己小有成就後沒有跟他保持聯絡？難道是不管成就高低，我永遠達不到他對我的期許？

我想跟賈維斯牧師見個面，當面跟他道謝。再者，現在的我待業中，剛好需要這位曾幫我重建自信的人的打氣與鼓勵。

我找出他的地址，寫信給他。他回信道，很開心收到我的來信，說他甫接下耶魯大學柏克萊神學院的教職，不過十二月初會從新港（New Haven）返回波士頓，針對中世紀建築發表一系列講座。他邀我下榻他家，兩人一起聊聊近況，討論一下「我們」未竟的功課。

我從紐約搭乘阿斯樂（Acela）高鐵到波士頓，花了大約三小時五十五分。我在車上讀了兩篇高中時撰寫的報告，以及賈維斯牧師的一本著作，內容是一九八〇至九〇年代他在一所私立男校擔任校長期間的布道集。

我第一篇報告的題目是〈真實世界裡，愛實用嗎？〉，通篇紅字，到處是東尼的紅筆註記與評語。他覺得報告不少段落「不知所云、矯情做作、風馬牛不相及」。我以偏概全的論點「充滿矛盾、無關痛癢、失之天真」。長達十八頁的報告，只有三個「好」、一個「讚」。賈維斯牧師**嫌棄**這篇報告。

另外一篇報告〈源於挫敗：比較納粹主義與黑人穆斯林運動裡種族論的心理發展〉，則獲得較多好評。「蹩腳、不合邏輯、語焉不詳」等評語只出現了幾次。有句陳述被賈維斯視為「過於簡化」，另外一句則「過於武斷」，不過最後他寫道：「出類拔萃之作，為你這出色的一年畫下完美句點。」這篇報告我拿到A。

拿到這麼好的成績讓我又驚又喜。為什麼？因為所有老師當中，賈維斯對學生的要求最嚴也最多。試問在當年教室人滿為患、成績灌水、考試領導教學的教育環境下，有多少老師願意花時間顛覆或挑戰學生的既定思惟？

賈維斯雖然是牧師，但他也談俗世的愛與情。他有一本著作《用心愛、勤禱告：校長與新世代的對談》，乍看之下，似乎和他的身分格格不入。他在羅克斯伯里拉丁學校（Roxbury Latin）擔任校長長達三十年，該校建於一六四九年，是全美建校最久的中學，畢業生的大學學測成績（SAT）在全美名列前茅，順利進入哈佛、史丹佛、麻省理工學院等名校的比例高居全國榜首。

該校初中部與高中部加起來不到三百人，屬於小學校，但學生背景非常多元，由於學校資金雄厚，所以可採「不論貧富、一視同仁」的入學政策。為東尼一書寫序的牧師彼得・葛梅斯（Peter J. Gomes）說，締造羅克斯伯里成就的關鍵，在於有個無為而治的校長——一位「做了就不後悔的聖公會教士」，他重視人格教育與領導力，遠勝於對學業成績的要求，他「為學生祈禱，大聲說出他愛學生，不僅公開，還定時為之」。

東尼・賈維斯的布道充滿逼鐵成鋼的責切之情，他倡議「唯有苦日子才是值得活的日子」，「施比受更有福」。東尼的態度不假辭色，看不到溫言軟語。在另外一場布道，他告訴學校男生：「你們這個世代若和之前的世代沒兩樣（事實也是如此），你會發現，同輩中不乏過著不知反省、膚淺、好逸惡勞的日子。這些人只是跟屁蟲。」他呼籲學生：「絕不要做個蕭規曹隨的跟屁蟲，要當自己命運的掌舵者。」

該書最後放了他的祝福與禱告：

親愛的孩子們，不論是現在或未來，你們難免會受挫沮喪，碰到苦難，我祈禱你們能深掘內心，從苦難中淬煉心靈的肌耐力，應付未來人生諸多逆境。唯有走過苦難，才會心生悲憫，了解其他人的痛苦。

說來奇妙，火車上讀到這些話彷彿醍醐灌頂。認識恩師之後這四十年，遇到不順遂時，是否深掘內心鍛鍊心靈的肌耐力？是否有足夠的勇氣與同理心面對人生逆境？

抵達波士頓南火車站，轉搭紅線到艾許蒙特（Ashmont），然後換乘往馬塔潘（Mattapan）的高速輕軌電車，坐了三站在米爾頓下車。根據東尼的指示，下了電車後，穿過電車軌道，爬上白雪覆蓋的高聳階梯。

我停下腳步，確定方向。目前所站位置是多契斯特（Dorchester）的下米爾區（Lower Mills），東尼家在兩條街之遠，是貝克巧克力（Baker's Chocolate，曾是全美最大巧克力製造商）總部改建的集合式公寓。我踏著白雪，前往東尼所住的紅磚公寓，邊走邊想，東尼看著近在咫尺的尼龐西特河（Neponset River），尤其是月光映照下波光粼粼的美景，臉上陶醉的模樣。

我按了樓下門鈴，門開了之後，再搭電梯上樓。

東尼從門裡探出頭道：「歡迎之至，我還以為你大概來不了了。」他緊握我的手臂，拉我進門。「你想喝什麼——啤酒、葡萄酒還是威士忌？」

「你喝什麼？」我問道。

「威士忌加冰塊。」

「我也一樣（Me too）。」我道，不禁像個孩子一樣，心想自己是不是該說：「來兩杯吧（Pour two）。」彷彿這麼說比較合乎文法。

就著餐廳微弱的燈光，東尼看起來和以前差不多，只是多了歲月痕跡：身材瘦而頎長，五官立體端正，散發英國貴族的氣質。我原以為他脖子會圍一圈僵硬的牧師領，結果他穿了一件藍色敞領襯衫，外罩米色棉織毛衣。他的髮色保持原來的金色，不斷用手指把頭髮往後梳露出額頭，一如他之前的習慣。上一次看到他，他才三十歲，而今即將邁入七十大關。

「我跟自己說，退休後應該清閒、旅行、寫作，可惜我停不下腳步。」他道。

他二〇〇四年離開羅克斯伯里，接著陸續在澳洲、紐西蘭、南非教書與演講。他也擔任過英國貴族男校伊頓公學（Eton College）兩任的駐校牧師。「我要教書、輔導諮商、傳道，忙到分身乏術，體力不堪負荷。」

二○○八年春天，他返回多契斯特，享受退休生活。不過他還來不及開箱整理行李，就接到耶魯大學柏克萊神學院來電，詢問他想不想開課，指導有意在校園擔任牧師以及有心到校教授宗教的老師，他拒絕不了。所以現在已近七十歲高齡的他，每週有四晚睡在耶魯的校舍，剩下三晚才住多契斯特，並擔任當地聖公會諸聖教堂（All Saints Church）的牧師。「我到處漂泊，跟個流浪漢一樣。」他道，同時走到廚房，幫我倒酒。「不過我非常喜歡現在所做的一切，也很高興見到你。你坐啊，別拘束。」

東尼客廳的牆壁貼了深紅與深藍的壁紙，像是五星級飯店的外牆。中間有一張沙發、兩張古董椅，茶几上插了一瓶鮮花，地上鋪了精緻的波斯毯。整個裝潢充滿文藝氣息，適合談心，不適合小孩嬉鬧玩耍。

其中有一整面的書櫃牆，一排書架約五百本書，八排算下來非常可觀，依主題分為神學、哲學、心理學、歷史。東尼閱讀的小說，多半是英國作家。傳記約有數百本，另外至少有二、三十本關於私立男校的著作，其中兩本是他寫的，講的是羅克斯伯里中學。由書本封面的摺痕推斷，這些書他應該都讀過，而非擺著好看。

東尼端著飲料走進客廳。

「我們開始敘舊之前，我得先跟你道謝，謝謝你扮演我人生重要的推手。」我道，然後舉起酒杯。「敬偉大的老師們，還有敬你，東尼，謝謝你在我人生低潮亟需援手的時候，選擇相信我。」

「乾杯。」他道，然後兩人各啜了一口威士忌。

「里，你懂得感恩，我很欣慰，不過這不是我想要或期待的事。這些年我教了大概一萬五千多個青少年，只有少數人對我說謝謝。」

「在你的書中，『謝謝』、『我錯了』和『對不起』這三句簡短話語，是不是人們生活中最重要的話語呢？」

「當然。」東尼說：「當你感激某人時，就當說『謝謝』。你簡單的『謝謝』肯定了對方的存在價值。」

「你從來不求學生感謝**你**。」我道。

「沒錯，冀求別人感恩，你所作所為的動機就有了偏差。施恩求圖報，一定會失望。」他停頓了一秒繼續道：「我希望聊些別的事。」

「什麼事？」我問。

「你中學時需要我不斷鼓勵你，你當時這麼沒自信嗎？」

「沒錯，我是情感上的低能兒。」我向東尼透露當時的困境，包括父親失業，自己手臂受傷不得不放棄棒球，身為猶太人又靠獎學金念書，在這間以白人新教徒為主的貴族私立學校，我覺得格格不入，受人排擠。

「我完全不知道這些事。」他說。

「你不知道？」我還以為當時校內每個人都清楚我的狀況，心想東尼最了解我出了什麼問題；只有他知道我的苦，知道如何解我的愁，所以才處處保護我不是嗎？

「其實不然。我一直以為你聰明、成熟、樂於接受新觀念。我以為你是十項全能的模範生。」他說。

「**我**，模範生？」要嘛是我自己搞錯當時的情況，要嘛是東尼在誆我。「**你**才是完人。你不是上帝派到世間，拯救像我這樣的年輕人，以免我們受不了苦而自殺嗎？」

「是啊，人家是超人，我是超級牧師。」他大笑。「生於克利普頓星（Krypton），長於倫敦格林威治，受教於多佛的田野。你是這麼想的吧？」

「差不多。」我道。

「其實我生於匹茲堡，長於俄亥俄州的佩恩斯維爾。我一開始念的是公立學校，直到有獎學金資助，才轉念私立寄宿學校。初期適應不良，後來有了自信，才漸入佳境。接著就讀哈佛與劍橋，這你已知道。剛認識你時，我年薪只有三千六百美元，在克利夫蘭市郊的教堂擔任副牧師。我主持一個青少年團契，吸引數百人參與，但團契經費不足。女孩未婚懷孕，男孩竭盡所能逃避兵役，不想打越戰。他們害怕又憤怒，我帶著他們到克利夫蘭的貧民窟，輔導黑人貧童的課業。

「我愛這些孩子，不論貧富。我想多了解他們，以便幫助他們，因此開始看心理醫師，每週五次，一看就是五年。我躺在沙發上，接受醫師的問診與精神分析。這種治療花光我所有的薪水。所幸羅克斯伯里的校長適時出現，願意每個月付我一千美元，請我開課教授哲學。我得付房租、得吃飯，所以答應開課。」

「原來如此，我完全不知道。」我道。

「可見我們兩人都不了解對方的生活，不過現在開始也不晚。」他笑道。「明天我們再繼續你高二的話題。」他遞給我十二頁的文稿，道：「這是你今晚的家庭作業。」文稿的標題是〈論死刑〉，我在安靜的客房裡讀著手稿，直到睡著。

東尼在前一個週日，亦即聖靈降臨節（first Sunday of Advent）上台布道，內容根據馬可福音十三章三十三節：「你們要謹慎，儆醒祈禱，因為你們不曉得那日期幾時來到。」

我可以想像東尼穿著牧師袍站在講壇的模樣，低頭看一下講稿，然後抬頭對著信徒開講。

「我一直思考基督徒所謂的四末事——死亡、審判、天堂、地獄。最近尤其想得厲害，所以選擇死亡作為今早布道的主題。」

為什麼選死亡？週一，一位朋友打電話給他，說她丈夫打壁球時，突然心臟病發身亡。週二，他和一位同仁聚餐，同仁的岳母病入膏肓，將不久於人世。週三，他開車到新罕布夏，探視一位之前的助理，該助理不久前被診斷出阿茲海默氏症。

他對教友說：「小時候在俄亥俄州，許多家庭都是三代同堂，小孩跟著祖父母一起住。我們這些小孩，自小看著鄰居生老病死，死亡是我們生活的一部分。

「現代人並非如此。現在的社會，大家都害怕死亡，否認死亡，甚至不敢說『死』這個字。大家習慣說『歸西』或『她走了』。」

賈維斯舉了一個死刑犯為例，稱這名死囚等著伏法已十五年，但他其實蒙受不白之冤。他不會忿忿不平嗎？不會。這位男子告訴史塔茲．特克爾（Studs Terkel，美國作家、口述歷史學家）說：「我們每個人都是坐以待斃的死囚。認真探索生命的意義後，唯一篤定的答案是：人終究會死。我們每個人都只有死路一條，遲早會死。這個一般的事實提醒我們應把握當下，不要再拖拖拉拉。」

我可以想見賈維斯這時停頓了一下，以求效果，繼而開導在座的年輕教友。他說，接下來兩週是教區裡兩個遇害年輕人的忌日，其中一個男孩在羅馬等著登機時，被一位精神異常的男子所殺。另一個男孩挺身護衛一名素未謀面的女孩時，背部遇刺身亡。東尼說：「在這個神聖的季節，聖靈提醒我們，死亡像夜盜，隨時會突襲。」然後他重複馬可福音十三章三十三節：「你們要謹慎，儆醒祈禱，因為你們不曉得那日期幾時來到。」

東尼在結語中提醒我們每一個人，包括那天早上到教會聽他布道的兩百五十名教友，以及數百萬不在場的其他人，「我們心存幻想，以為可以長生不老活在地球上，不過聖靈降臨提醒我們，生命短暫，時間一去不返，因此趁我們還有時間，應該好好想想該怎麼善用它。」

我放下該文稿，想到近四十年前，在賈維斯的哲學課上聽過類似的談話。當時我們的教材是法國存在主義大師卡謬的散文與小說。我最喜歡的作品是《薛西弗斯的神話》

（*The Myth of Sisyphus*），講希臘神祇薛西弗斯受到諸神處罰，得不斷把巨石推向陡峭的山頂，但是石頭快到山頂又滾下坡，因此他只好不斷重複著相同的動作，永無休止地接受這個處罰。卡謬藉薛西弗斯演繹人生的荒謬。

因此我們不禁要問：既然人生充滿荒謬、沒有意義，我們為什麼要活？以及該怎麼活？卡謬提出三個選項：自殺、篤信上帝、接受荒謬並開創自己人生的意義。我忘了每個選項的利與弊，不過我記得卡謬的結論：接受荒謬，走出自己人生的意義與方向。

他寫道：「受苦本身……足以填滿一個人的心。我們必須相信薛西弗斯是快樂的。」

或是像東尼所言：「我們都是坐以待斃的死囚，時間一去不返，應好好想想該怎麼善用它。」

在我短暫的一生裡，我到底成就了什麼？我的生命充滿意義嗎？

表面上，我的人生的確精彩。我去過四十多個國家，體驗五花八門的異國文化。我成了記者，透過報導教育並激勵民眾。我當上雜誌總編輯，協助手下記者報導可能改變讀者人生的精彩故事。我主持計畫與行動，擔任許多組織與社團的董事，動員數百萬美國民眾投入志工行列，參與改善社區與世界的行動。

表面上，我的人生充滿意義，但是我怎麼感覺不到？也許我追求的方式錯了。我工作過於賣力，太過重視枝微末節，放任完美主義主導一切，犧牲人生真正重要的東西：妻子、小孩、朋友。表面上，我的人生成功出色，但是少了支撐人生意義的血與肉：與人的連結（human connectedness）。這種連結的力量之大，直到我聯絡上佛恩、阿卡莫等過去幾位重要的親友之後，才有所體悟。不過如何持之以恆，以及拓展與更多人的連結？都是我下一步的挑戰，也許恩師賈維斯能提供一些意見。

隔天早上醒來，走到餐廳，發現餐桌上擺了一份恩師買回來的報紙，讓我打發時間之用。報紙頭條新聞是，上個月五十五萬美國人失業，分析師看淡接下來的零售旺季，預言將是三十五年最糟的一次。洋基隊將斥資一．四億美元網羅新投手。底特律三大汽車廠懇求國會紓困三百五十億美元。國際新聞也一樣充斥壞消息：恐怖分子攻擊孟買，普丁（Putin，俄國總統）大秀胸肌之照。

「我煮了壺咖啡。你昨晚睡得怎麼樣？」東尼道。

「不錯，但是我一直夢到薛西弗斯。」我說。

「他還繼續推著巨石嗎？」東尼問道。

「是的，你認識他嗎？」我問。

「沒有親自見過面。」東尼大笑。「但他在我的布道與課堂裡出現過幾次。」

「我昨晚讀了你那篇〈論死刑〉的布道稿。」我說。

「有何心得？」

「讓我想到高二那一年的哲學課，想到你說死亡是探討人生意義的起點。」

「很好，我給你A，再加個烤得剛剛好的英國鬆餅。」他笑道，同時遞給我一個英國鬆餅、奶油，一碟草莓果醬。

「謝謝。」我道。

我在鬆餅上抹些奶油，然後繼續談我的夢。「和吉莫爾隊（Gilmour）交手的關鍵比賽上，我擔任中衛，四分衛一直把球傳給我，欲朝吉莫爾的十碼線推進，但我老是失誤。我覺得自己彷彿薛西弗斯，怎麼跑都徒勞無功，老是失誤丟掉進攻權。」

「真的發生過這種事嗎？你真的搞砸當英雄的機會嗎？」他問道。

「屢試不爽，而且你要負部分責任。自從在你課上讀了卡謬之後，我做什麼事都無法專心，質疑每件事：為什麼我會遭惡霸圍剿？為什麼我會受這麼多苦？為什麼在更衣室換衣準備上場前，要念主禱文？你不得不承認，透過《異鄉人》這面三稜鏡，中學足球賽的荒謬性一覽無遺。為什麼你要這麼對我們？」

「我對你們做了什麼？」

「為什麼逼我們質疑每件事，包括人生的意義？要知道，我們當時年紀還小，心靈脆弱又容易受影響。」

「反正不逼你們，你們也會問。」他道，放下咖啡，直視我的眼睛。「每一代年輕人，不管他們承認與否，都愛追根究柢，問東問西，包括他們是誰、哪裡適合他們、活在世上到底有何意義。我教卡謬，因為我認同他的宇宙觀，也希望糾正你們年輕人腦袋裡的謬見。」

「什麼樣的謬見？」

「舉例而言，你們以為天上有個全能的大老爸（big daddy），獎善罰惡，但是你們這些小鬼知道嗎？人生哪有公平可言啊。」

高中時，我對這句話百思不解，現在也還是覺得困擾。當東尼瞇著眼，引述英國哲學家湯馬斯．霍布斯（Thomas Hobbes）的話，稱人類的本性「刻薄、卑劣、殘酷」，我心裡頗不以為然。

「你還是覺得人性本惡嗎？」我問道。「覺得我們『刻薄、卑劣、殘酷』嗎？仍堅信你死黨霍布斯對人性的看法嗎？」

「你對這有什麼看法？」他問道，指著當天《紐約時報》的頭版新聞。「刨掉人性膚淺的表土，露出的深層本性不過是殺人魔或破壞狂。盧騷主張人性本善，是社會與環境帶壞人心，我覺得他這種看法非常可笑。」他嗤之以鼻道。「我們人類很壞，作惡多端，這也是教育重要之處，協助我們走出自私自利的小我世界，同時教化我們，讓我們更文明。」

那年的哲學課，我們花了很多時間討論猶太大屠殺。東尼的父母經歷過二次世界大戰，我是美國猶太裔，出生時間距離六百萬猶太人慘遭納粹屠殺不過短短十年。東尼認為大屠殺是走極端的霍布斯。我的祖父母認為，大屠殺是世界痛恨猶太人的鐵證，除非猶太人能有自己的國（以色列），否則這類屠殺勢必重演。

我左右為難，困惑不解。十三歲第一次觀看死亡集中營的影片，一邊看一邊用枕頭蒙臉，害自己幾乎窒息，藉此體驗猶太人遭納粹荼毒的膽戰經驗，不過心裡依舊相信人性本善，納粹只是特例。

哲學課的閱讀清單包括威廉・夏伊勒的（William L. Shirer）《第三帝國的興亡》（*The Rise and Fall of The Third Reich*）、希特勒的《我的奮鬥》、艾瑞克・霍佛的《狂熱分子》（*The True Believer*），不過對我影響最巨大的，首推奧地利心理醫師維克多・傅朗克（Viktor Frankl）在集中營的親身經歷《追尋生命的意義》（*Man's Serch for Meaning*）。

傅朗克的妻子、雙親均死於奧許維茲（Auschwitz）集中營，但是傅朗克活了下來，畢其餘生研究冷血屠戮與折磨荼毒對人心的影響，結果他發現，即便在最惡劣的環境，人類也會設法找出生命的意義。他說，集中營有些人的行為讓他深受感動，「他們四處走動，安慰其他囚友，將自己最後一片麵包分給其他人，他們也許只是少數，但他們的行為足以證明，人可以被剝奪一切，但是僅剩的自由誰也拿不走——不管碰到什麼環境，我們都有選擇該用什麼態度面對的自由，選擇該怎麼做的自由。」

我想到五十五萬名剛失業的美國人，孟買爆炸案傷心難過的罹難者家屬，在加薩、蘇丹、伊拉克等地因戰火無家可歸的難民，日復一日發生在全球人類的悲劇與憾事，以及我們每個人早晚都要面對的事實——總有一天我們都會死，對此我們該如何回應？

面臨「宇宙善意的冷漠」，卡謬提出，創造自己的意義。

佛朗克道，自由選擇應對的方式。

賈維斯引述耶穌的話說：「在世上，你們有苦難。」

東尼開車從多契斯特的公寓出發，載我至充滿鄉村田園景致、佔地一百二十英畝的羅克斯伯里中學。途中他補充道：「我們不該傳遞年輕人『生命充滿甜美，毫無苦難』的錯誤印象。唯有透過試煉與苦難，我們才找得到內在的力量，以及生命的意義。」

東尼將車停好，催我快步走入校園的邊門。他急著測試投影機，檢查待會兒上課要用的幻燈片，發現投影機出了問題（投影機不是一開始都會這樣嗎？），這也是當天考驗他內在力量的第一道關卡。「誰可以幫我搞定這台機器？」他問，語氣不容商量，似乎非要對方立刻派個人過來不可。一個老師趕忙跑出去找救兵，工程師匆匆趕來，扳開開關，輕鬆解決問題。不好意思的東尼鬆開牧師領，老師與工程師強力按捺住竊笑。

學生陸續走進教室坐定。他們沒穿制服，不過衣服樣式大同小異，多半是長袖條紋馬球衫，搭配卡其褲或牛仔褲，腳踩網球鞋。

東尼低頭看著筆記，然後抬眼掃視十五歲的聽眾。

「上一次課堂中講過，歐洲哥德式大教堂建造的目的是為了禮讚上帝。」

他放了一張巴黎聖母院的幻燈片。

「這棟哥德式高聳建築興建於七百多年前，用意是紀念一個平凡的猶太女孩，她在馬槽生下聖嬰。這些飛扶臂是為了支撐教堂的牆壁，以免牆壁受不了彩色玻璃窗的重量而龜裂。不過大家有沒有發現，飛扶臂也發揮了提升教堂以及我們心靈的功效，讓我們更接近天堂。

「教堂內部莊嚴神聖，外部講求知性與理性，這棟偉大的教堂兼具歷史與宗教意義。」他繼續道。「在重要場合與節日，教堂會展示耶穌戴『荊冠』的受難像。英王亨利六世在此加冕為法蘭西王，蘇格蘭女王瑪麗在此嫁給亨利二世的兒子，拿破崙在此為自己舉行加冕禮。誰能告訴我，巴黎聖母院為法國哪一個近代領袖舉行隆重的葬禮？」

「是戴高樂嗎？」一個男學生問道。

「沒錯，很好。的確是戴高樂將軍，現代法國之父。」東尼說。

東尼的下一張幻燈片是聖母院正面的三個入口。「誰能告訴我，這三個入口有什麼奇怪之處？」

「它們好像……」一個男生開口道。

「好像？」賈維斯牧師道。「它們完全不像任何東西。」

除了這位犯了錯的小孩，其他男孩全都笑了。

「右邊的門是敞開的。」另一個男孩道。「另外兩扇門則關上。」

「門多半有開有關。」東尼道。「還有其他的意見嗎？」

「三扇門大小不一。」一位男孩怯怯地道出看法。

「沒錯。」賈維斯牧師露出喜色道。「三扇門並不對稱。希臘人偏愛對稱，但是法國人認為對稱失之單調乏味。」

東尼開始加快步調。

中間入口的門是「最後審判之門」。他說：「仔細看耶穌雙手的洞。我們人類渴望公平正義可以獲得伸張，這位法官受過我們人類所能承受的極苦與巨痛，他這個法官知我們懂我們。」

另一扇「聖母之門」上的雕刻描述馬利亞死亡、升天的故事。東尼問道：「為什麼稱馬利亞為方舟？」他用了另一個方法提示學生。「記得舊約講的嗎？方舟在第一與第二聖殿裡有何功能？」

「用來傳遞上帝的話。」一位學生道。

「因此我再問你：為什麼稱馬利亞為方舟？」

「因為馬利亞是耶穌之母，她將上帝帶到人世。」這位男孩道。

「很好。」東尼道。他看了一下錶，發現尚有時間再介紹一張幻燈片。他跳過好幾張，播映聖母院最有名的玫瑰窗。在玫瑰窗下面，刻著聖母抱著聖嬰，旁邊有兩個天使保護。

「從教堂外欣賞玫瑰窗，這扇窗看起來像什麼？」他問道。

「光環。」一個看起來宛若天使的男孩道。

「光為何採環狀？」

「象徵永恆。」該男孩道。

「沒錯。因此從這張聖母與聖嬰被光環包圍的圖，我們看到世間生生不息的永恆性。同時在這間宏偉的教堂裡，我們看到天堂進入人間，以及人間有天堂的意境。」東尼將兩手置於講台道：「明天我們將拜訪另外一個天主教堂——夏特爾（Chartres）。」鈴聲響起。「下課。」

學生魚貫離開教室，東尼摘下眼鏡，搓揉鼻梁。他大可不用這麼累，但他還是答應替學校開課，一部分是因為他自認沒有人講得比他好，但我也看到，這門為期一年的課是東尼這餘生永無休止的功課之一，彷若薛西弗斯不斷推著石頭上山。剛剛那群男孩泰半短期內不會造訪聖母院、夏特爾大教堂、索爾茲伯里大教堂（Salisbury），就算多年後有機會親炙，他們的小孩也會吵著快走，讓他們只能走馬看花。不過東尼不放棄，繼續滾動石頭，希望盡一己之力，保持西方文明歷久不衰。誠如面對永無止境的懲罰的薛西弗斯，過程勝於結果，付出與努力足以滿足東尼的心。所以賈維斯牧師應該是開心的。

連續三天在東尼身邊跟前跟後，看得出來他信步走在這所老學校的迴廊時，心情特佳。途中只要同學經過，他就會扯住那人的手臂，拍拍他的肩膀。和東尼在羅克斯伯里校園趴趴走，簡直就像在遊樂園開碰碰車，一直撞個不停。

「嗨，約翰。」他道。碰，肩膀被撞了一下。「收到明德學院（Middlebury College）通知了嗎？」

「還沒有。賈維斯先生。」

「收到了請打電話告訴我。」

「你好嗎，比爾？」碰，肩膀又被撞了一下。

「很好。」比爾道，看見東尼皺著眉，立刻改了說法：「我很好，賈維斯先生。」

「我有名字。」東尼道，抬頭看著天空。「我還活著。」他扯著比爾的手臂，與比爾再次肩碰肩。

在走廊轉角，東尼又停了下來，和一個至少二百二十磅的大塊頭互碰肩膀。「哇，你有練舉重吧，派崔克？這學期打曲棍球嗎？」

「是的，賈維斯先生。」

「你會成為明星嗎？」

「希望如此。」派崔克道。

「非**成為**明星不可。」東尼下達指令。

「誰最愛你？」他問派崔克，一如之前見一個便問一個。

「你，賈維斯先生。」這是每個學生的標準答案。

稍後我問東尼，為什麼要和學生肩碰肩。「青少年需要肢體接觸，你常在街上或運動場上，看到一群年輕人互碰肢體，藉此證明自己的存在。肢體碰觸可以讓他們保持清醒，以免成為局外人。」

至於那些愛的表白又是怎麼回事？

「我愛每個教過的學生，將他們視如己出，包括你在內。」他提到一位我也認識的同學。「記得查理嗎？」

「當然，他超會摸魚打混。」

「沒錯。他完全沒有發揮該有的實力，我不斷鞭策他、施壓他，但他完全置之不理。所以我問他：『你以為我為什麼要這麼做？』他答道：『因為你愛我。』他說得沒錯，我鞭策他，因為我愛他。然後他說：『我希望你不要愛我。』他非常明白，回應另外一個人的愛、不讓對方失望有多困難。

「無私地深愛一個人，因而要求對方同等回報，對方被迫──看在你的分上而非為了自己，讓自己變得更好。」東尼道。

當然他所謂的愛並非男歡女愛或親子之情，而是一種主動對他人的關懷，基督稱之為「愛加倍」（agape）。歷史上幾乎每一個聖者都將愛加倍視為最高形式的愛。

「愛需要努力。」東尼繼續道，聲音輕柔但堅定。「愛需要設身處地為他人著想──了解對方的背景──然後才開口或行動。愛需要……」他停頓了一秒鐘，深吸一口氣，彷若在打量我穿幾號鞋（揣度我的背景與身世）。「若對方行為不當或失序，你應該跟他說：『我無法放任你繼續這麼下去。』愛應該是無私地愛一個人，不求任何回報。」他再度停了一下。「這種愛難免會綁手綁腳、讓人不開心、甚而付出代價。」

有關愛加倍的討論，讓我想到在東尼課上讀到的另一本書《我與你》（*I and Thou*），該書的作者是猶太裔哲學家馬丁．布伯。根據布伯的看法，面對他人有兩種思行模式，一種是我與物的關係，稱之為我─它關係（I-It relationship），看重的是對方的功能與身分地位。舉例而言，在職場，它可能是老闆、祕書、同事。在醫院診所，它可能是內科醫師、護士，或櫃台小姐。另外一種是我─你關係（I-Thou relationship），看重的並非對方的功能或身分地位，而是視對方為獨一無二的個體。進一步昇華我─你關係，就進入了德國宗教哲學家迪特里希・潘霍華（Dietrich Bonhoeffer）倡議的「超越一切之上」（the Beyond-in-the-midst），亦即我們必須透過和其他人交往與建立關係，才能親炙上帝。

「你還是布伯的粉絲嗎？」我問東尼。

「死忠之至。」東尼道。「布伯明白，我們若視彼此為物件或東西（It），彼此之間不會有任何意義與交集，若兩人是真心換真心，應該不難理解和上帝水乳交融、密不可分的境界。我時時刻刻想到上帝，時時刻刻服侍上帝，時時刻刻懇請上帝助我一臂之力，我對上帝『極端仰賴』，這一切都是因為布伯之故。」

回到東尼的公寓，我問他：「為什麼你這麼需要上帝？」

「所有人都會死，沒有任何東西可以長長久久。不過我們人渴望超脫生死，所以仰望上帝。問題是，人類能力有限，體驗超脫只能可遇不可求。」他引述以賽亞書：「耶和華道：『我的意念非同你們的意念；我的道路非同你們的道路。』」

我繼續逼問他。「所以說，即便只能依稀地體驗神的存在，你對神依舊堅信不疑，堅信你和上帝屬於我—你的關係。」

「『相信』（believe）這個詞翻得不好，和希臘文的原意有出入。」他說：「正確的翻法應該是『交託』（trust），一如『我們將自己交託給上帝』（In God We Trust）。我將自己交託給上帝，將所有錢財獻給祂。此外，我也將希望寄託於上帝，因為上帝愛我們，祂的愛勝過一切。」

東尼對上帝堅信不疑的態度（或是照他所言，全然交託給上帝），讓我歆羨不已。上帝在他的前後左右，彷若他的劍、他的盾，將他保護得滴水不漏，讓他可以信心滿滿地勇往直前，迎戰試煉，不像我。東尼有堅定的信仰當盔甲，我則孤零零、手無寸鐵地在戰場上跌跌撞撞。

「我老婆以及一堆親朋好友都不信上帝，這些人該怎麼辦？」我問東尼。

「老實說，我覺得善良的無神論者勝過糟糕的基督徒。」他道。「讀了舊約與詩篇（Hebrew Psalms），發現猶太人一再與神較力，在逆境或遭遇苦難的時候更是如此。善良的無神論者是經過審慎考慮而為之，讓我困擾的反倒是一些優柔寡斷、拿不定主意神是不是存在的不可知論者（agnostics），他們常把『我不知道，我不在乎』掛在嘴邊。

我既不是無神論者，也不是不可知論者。不過我也不是信徒（believer）。和古早的猶太人一樣，我一再與神這個概念較力。以前的猶太人——還有基督本人——覺得自己被上帝背棄。「上帝曾經背棄你嗎？」我問東尼。

「我以前會這麼想，但是現在不會了。我偶爾會覺得空虛——元氣盡失——但從不覺得孤單。我禱告，感覺每分鐘都與聖徒為伍。辛苦上班一週後，週日我會到教區教堂，跪在聖母馬利亞聖像之前，卸下所有煩惱。」

這時他引述以賽亞書另一段經文，聲音輕柔但堅決。「『但那等候耶和華的，必重新得力：他們必如鷹展翅上騰；他們奔跑卻不困倦，行走卻不疲乏。』

「我非常喜歡這段經文，所以我把這段改成『那服侍主的，必重新得力』，並將之鐫刻在羅克斯伯里中學的『賈維斯食堂』入口。」

東尼每每在低潮沮喪的時刻，藉由與上帝的關係，重新得力、重新出發。我有什麼管道可卸下煩惱呢？老實說，我多半漠視他們的存在，要嘛逃之夭夭，要嘛任其堆積變成未竟的人生功課，未竟的清單中有一項不聞不問已久的功課：和上帝半信半疑的關係。

最近我開始禱告，對著越來越習慣稱為上帝的某人或某個東西祈禱，有時是低喃耳語，有時是大聲狂吼。祈求對方賜我智慧，在我傷心難過時；祈求對方賜我指引，在我困惑無助時。滿心歡喜擁抱姑姑佛恩、滿懷幸福看著小孩互相嬉戲，這時的我對祂心存感恩。有時候，我渴望能觸及更偉大、更永恆（遠超乎自己想像）的人或物，祈求我稱之為上帝的對象隨時在我身邊給我力量，協助我修補關係，幫助我和生命重要的過客恢復聯絡。若我有意繼續這條正確的路，我需要協助。

我將想法告訴東尼。「我不能說自己相信上帝或把自己交託給上帝，就連自己現在所做的，也都稱不上是禱告。不過做的當下，心情獲得撫慰，靈性也得到提升。能告訴我這是怎麼回事嗎？以及怎麼做可以做得更好？」

東尼想了一分鐘才開口。

「首先，不要刻意壓抑想禱告的衝動。祈禱是我們的本能，因為我們並非萬能，也有軟弱需要幫助的時候。人生有太多超乎我們控制的人與事，因此必須向上傾訴，這就是祈禱的真諦：把我們的煩惱與困惑大聲哭出來，向上帝傾吐。

「至於怎麼做可以做得更好？這我無法回答你。我隨時隨地都在禱告，禱告是出於直覺與本能，完全無需規範與紀律。我唯一能給的忠告是：保持開放的心，跟著禱告走，心想一定事成。」

出發前往火車站之前，我想再次回到討論的初衷——每個人都免不了一死。若只剩一天可活，東尼會有何反應？

「我坦然接受。」他道。「實際上，我歡迎它來。我會說，上帝，有些事我做完了，有些事還未了，不過現在交給你了。我不相信天堂或地獄；耶穌從未對這發表過隻字片語，不過若真有來生——我不確定，耶穌本人勸過我們，不要妄加揣測——我想那裡應該是我們靈性繼續成長壯大之處吧。」

讀了他的著作，我知道東尼何以喜歡在每一學期初拿問題挑戰學生。「我們每個人都會死——有些早，有些晚。死後，你們希望別人怎麼說你？你的答案會左右、指引你的生活方式。」

所以我問他：「東尼，你死後，希望別人怎麼說你？希望別人在你的墓碑上刻什麼？」

「我還沒想過。」他道，臉上一副他還會活很久的表情。「不過我可以告訴你，我掛在羅克斯伯里拉丁中學牆上照片下方的牌匾該寫些什麼。」

「你希望別人寫什麼呢？」我問道。

「第一行應該是『F．華盛頓．賈維斯三世牧師』，第二行是『一九七四至二〇〇四』，這是我擔任該校校長的三十年。第三行我希望刻『他愛過我們』。就這樣，『他愛過我們』。」

該是我打包行李回家的時候。我站起身，握著東尼的手道：「再次謝謝你，為你所做的一切。」

「謝謝我？」他故意皺著眉頭道。「我跟你說過，我不需要你跟我說任何謝字。」

「這些字對你已不具任何意義了吧。」我道。

「也許還是有些安慰。」他道。「不過我更喜歡聽到這些孩子對我說的笑話報以一笑。希望他們在一言一行之間，有我賈維斯的影子與回音（echo）。」

「過去這幾天你有發現自己的回音嗎？」

「有，而且謝謝你。」他道。

阿斯樂高鐵從波士頓南站駛往紐約賓夕法尼亞站，花了三小時三十五分鐘。一路上，我重溫和東尼的精彩對談。我懷著感恩的心去波士頓找他，感謝他在我人生最低潮最黑暗的一段時間，以救世主的身分出現，滋養我的心靈，恢復我的自信。不過過去這三天，收穫更甚以往：賈維斯牧師再次激勵了我，受其薰陶，我的道德堤防（moral framework）固若金湯，足以面對未來的一切硬仗。

東尼不溫柔也不善感。我們的文化標榜輕鬆致富、輕鬆擁有健康、輕鬆享樂，但是東尼實事求是，是個不折不扣的務實主義者：「我親愛的孩子們，不管現在或未來，你們會受苦、遭遇挫敗、認識沮喪。」面對十幾歲不知天高地厚的青少年，以及像我這樣迷失茫然的大人，他的話猶如棒喝：「若你積極建構生命的意義，你必須先正視死亡。面對生命，我們唯有對人都會死這件事有百分之百的把握。因此你應該覺醒，應該有危機感。」

正是這份危機感，逼我積極打理人生未竟的功課。我已五十五歲，隨時可能蒙主寵召，一如丟掉工作飯碗，完全措手不及。因為這層體認，我選擇先不急著找工作，而是回頭尋找失聯已久的親友，彌補我錯怪或忽略已久的關係。藉由深化和其他人的關係，我重新找到了人生意義與方向，也重新建構了工作的價值。工作的目的在於豐富人生，而非只是生涯的一環。

我從東尼身上慢慢學到愛的力量。東尼說到愛這個字時，一派輕鬆，毫不費力。愛是我這趟波士頓之行的精華與亮點。我目睹並體驗了東尼的愛加倍，見識到無私、善良、耐心、不求回報的愛。不過愛加倍需要驚人的努力與毅力。我需要愛改掉壞習慣、需要愛感恩所受的福報與庇蔭，這種愛需要付出與努力，而非自我感覺良好或溫柔細語。

一開始動筆寫作本書時，我是個工作狂，現在雖然還是，不過有些事已慢慢改變。

一年前，我忙到完全沒有時間思考東尼在學期初拋給學生的問題。若你問我：「你死後，希望別人對你說什麼？」我那時可能會說：「毫無頭緒。」

不過現在我知道答案，我希望別人對我說：「他這一生盡全力學習愛。」這是我現在生活的寫照與努力的目標，若我真的做到，死後墓碑上的碑文很可能是：「他完成了人生未竟的功課，一輩子活得充實而精彩。」

第七章　前往阿托斯山

——踏上無人走過之路

十五歲左右，朋友麥特和我已是兩個世界的人。他高大魁梧，一頭金色鬈髮，對飆車、跳舞等年輕人的玩意兒完全不感興趣，也對父母眼中無聊透頂的活動毫不心動。看來只有聖徒與神祕主義信徒（mystics）的生活能勾起他的興致，更勝他最愛的數學與物理。

麥特為人坦蕩蕩，不會假惺惺。和周遭朋友相比，他就是對形而上的東西更感興趣。看到他，同學柯爾克（Kirk）和我不禁聯想到赫曼．赫塞（Hermann Hesse）筆下的德米安（Demian）。德米安是青春成長歲月小說《徬徨少年時》（*Demian*）裡的主角，他認為世界有明與暗、善與惡，我們必須有空間與雅量包容兩者。

如同德米安，麥特鼓勵我們切勿盲從迷信，人云亦云，應該依循內心真正的聲音與指引。畢業紀念冊上，柯爾克以赫曼．赫塞的一段話，描述麥特宛若小鳥：

雛鳥奮力突破蛋殼的束縛，
蛋殼裡是一個世界。
若想出生，得先摧毀一個世界。
然後高飛靠近上帝。
上帝叫阿布拉克薩斯（Abraxas）。

阿布拉克薩斯是代表善惡合一的神。麥特到達能包容善惡、明暗的境界之前，必須粉碎從小被社會灌輸的教條與觀念，而我和柯爾克打算緊跟在後。

高三時，我們三人為了完成東方宗教的專題報告，報名參加一門「超覺靜坐」（Transcendental Meditation, TM）的課程。超覺靜坐是印度冥想大師瑪赫西（Maharishi Mahesh Yogi）所創，在信徒推廣下，在西方非常受歡迎（披頭四也是他的信徒）。

靜坐課程開在肯特州立大學，上課地點緊臨一片綠地，正是前一年四名學生被俄亥俄州國民兵開槍擊斃的地點。靜坐冥想課程能否如瑪赫西大師所言，引領我們到達內外皆平靜的境界？能否安靜我們的心，展延我們的世界？或者只是瞎忙一場，對我們一點幫助也沒有？

「本組欲透過親身體驗，審慎仔細評估靜坐冥想的成效。此外，本組打算將靜坐冥想與其他三種以上聲稱能達到『知我』、『無我』境界的觀念，做嚴謹對照。」我們如上所述，向教職委員會提出申請，順利得到他們首肯。我們所提的另外一個理由是：「本組欲充分了解『自我』的本質，這裡所謂的自我（self），相當於佛洛伊德倡議的『自我』（ego）。」

華盛頓．賈維斯牧師對我們的研究計畫應該沒什麼興趣與胃口，所以我們拜託曾經去過印度的英文老師擔任我們的指導老師。現在想想，我們三個竟然能一路過關斬將完成報告，還真是不可思議。不過我們的確非常認真，每天固定靜坐冥想兩次，飽覽相關書籍，從薄伽梵歌到赫胥黎的《眾妙之門》（*The Doors of Perception*，探討知覺與感官神秘經驗的著作），不勝枚舉。若無法進入涅槃境界，乾脆開車到艾米什（Amish）所在的郊區，躲在一間小木屋裡，一人吞下一顆迷幻藥。

「眼前有湖泊、小木屋、草地，典型的中西部鄉間景致，雖然美麗，但還不到令人驚豔、嘆為觀止的地步。」當迷幻藥開始發揮藥效，我在日記上如此寫道。「但凝神近看，集中注意力觀察周遭一切，在又長又深的吐納之間，一小塊遍布岩石的土地，彷若甦醒了過來，重新恢復生氣。萬物的根本，在於寬大的心胸。」

之前閉上雙眼靜坐冥想時，會看到綠雲飄在空中，但這景象和我吞下迷幻藥之後看到的世界，差了十萬八千里，兩者根本無法相提並論。我寫道：「細看一片葉子，任何一片葉子，眼前會浮現一幅世界地圖。」

我朝池塘丟了一顆鵝卵石，掀起一波波菱形漣漪，每個漣漪裡彷彿都有一顆眼珠子，整個湖面，宛若有一千隻閃閃發亮的眼睛盯著我看。才一眨眼的工夫，景象突然幻化成一塊大帆布，上面塗滿了黃、綠、藍的顏色，閃著粼粼波光。我寫道：「覺知／萬物／一體」。接下來，我忍不住苛責自己，竟然不知天高地厚地以為自己能記錄這段超覺景象，因而寫道：「不必多想，細看就看見（look and see）；觀察就發現（observe and discover）。」

從那天的日記可以得知，我過於天真，不過當時的我（一個六〇年代的小孩）就是這模樣。冥想過程，一度看到蜻蜓，誤以為是天使降臨；看到艾米什農夫，覺得他們每個人都長得一模一樣。感覺自己大概瘋了，靈魂彷彿出了竅，朝天堂飛去，當我從天上俯瞰人間，竟看到麥特與柯爾克在我棺木旁，送我最後一程。

那是我這輩子最恐怖的時刻之一。感覺阿布拉克薩斯體內光明與黑暗兩股勢力拚命拉扯，為爭奪我的靈魂而戰。幸好我排除萬難，找出麥特帶來的中音薩克斯風專輯，演奏者是約翰・柯川（John Coltrane），正是麥特最欣賞的音樂家之一。柯川和鼓手艾文・瓊斯（Elvin Jones）似乎非常了解我當時的感受。我寫道：「柯川吹奏的薩克斯風帶我飛向天堂：音樂越大聲，我飛得越高。不過艾文的鼓聲——穩定、厚實、持續，又將我拉回現實，保持清醒。」背景音樂聲中，彈奏鋼琴的麥考伊・泰納（McCoy Tyner）與彈奏貝斯的吉米・葛里森（Jimmy Garrison）不斷吟唱「至高的愛、至高的愛、至高的愛」。我逐漸恢復冷靜。

柯川的音樂充分詮釋何謂神（上帝），以及什麼叫做與神合一的經驗。他認為精髓就在至高的愛（A Love Supreme），這種說法勝過我讀的任何一本書。他對上帝「滿懷感恩」，連帶也重燃我對上帝的信心。我在日記中寫下：「今天之前，我會說上帝已死，或不曾存在過。而今透過樹葉、湖泊、綠地、音樂，我覺得神確實存在著。不管你是把萬事萬物加總在一起，抑或把萬事萬物一一抽離，都可以體會上帝的存在。」

剛剛發生的一切，成了我這輩子最難忘的經驗之一。我這生只吞過這麼一次迷幻藥，結束時淚流滿面，同時冒出一個信念，堅信未來將與麥特、柯爾克同行，一起追尋更高境界的覺知，堅信我會繼續尋求與宇宙萬物合而為一的絕妙體驗。

不過事與願違。

吞下迷幻藥之後三天，我們向教職委員會報告超覺靜坐的心得。我只記得整個報告過程糟糕透頂，最後委員會裁示，今後學生不准靠靜坐冥想累積學分。

那年夏天，我和麥特只見過一次面，地點在他家位於鄉下的農場。兩人談及吞下迷幻藥之後的超覺反應對我們人生的影響甚深，以及開口向他人解釋這段經驗甚難。其實我們對這段體驗都感到惶恐不安。誠如《徬徨少年時》中德米安那些無法跳脫傳統框架的友人，我老是擔心自己是不是鑄下大錯，不小心打開了潘朵拉的盒子，讓情緒和感受傾巢而出，導致自己這輩子只能受它們主宰與糾纏。因此我當場向麥特發誓，自己再也不碰迷幻藥這玩意兒。麥特並未跟進，但他對我投以了然的眼神，似乎在說：「我了解你的感受。」

麥特提議我們到附近的池塘游泳。我泡在沁涼的水裡，全身舒暢。他跳出水面，爬上一棵樹，並邀我加入。我曾緊跟在他之後，感受與神合一的超覺體驗，不過這次他示意我從樹上往下跳到池裡，老實說，我嚇壞了，所以安分地待在池裡，看著他張開雙臂，從樹上一躍而下。

幾秒之後，他浮出水面。他跟同齡的青少年不一樣，並未高舉雙臂，擺出勝利的姿態，反而露出羞赧的笑，彷彿對自己勇敢又優雅地一跳，略感不好意思。

那是一九七一年夏天的事了。麥特後來進入普林斯頓大學就讀，我則去了耶魯大學。種種原因，導致我們斷了聯繫。幾年後，我才發現，普大校友名冊上，找不到麥特的名字。第五次的高中同學會我因為剛好在亞洲旅行，所以沒有參加。但是到了第十次同學會，我問柯爾克知不知道麥特的近況。他說，麥特改了名字，切斷與之前所有朋友的聯繫，出家當修士。他要求學校不要把他的資料放在校友通訊錄裡，所以我們找不到他。

這些年來，我偶爾會想到麥特，不知他現在過得如何，也思索他為何會毅然切斷與過去一切的關係。不過直到這一年開始打理未竟的人生功課時，才嘗試與他聯繫。我打電話給柯爾克，他說，麥特當上修士後，改名為奧森修斯（Auxentios），目前在希臘正教的教會擔任主教。他跟隨精神導師同時也是一位著名的學者——赫里修斯托莫斯大主教（Archbishop Chrysostomos），在北加州創辦了一所修道院。

就我印象與記憶所及，麥特就讀普大期間，曾選修赫里修斯托莫斯與喬治斯．弗洛羅夫斯基（Georges Florovsky）的課。已故的弗洛羅夫斯基稱得上是最具權威的東正教神學家。麥特自幼長在聖公會家庭，在大三那年改信希臘東正教。麥特與赫里修斯托莫斯大主教皆畢業於柏克萊聯合神學院（Graduate Theological Union at Berkeley），取得神學博士學位。兩人合力創辦了三間修道院，其中一個位於北加州。現改名奧森修斯的他，是「傳統正教研究中心」（Center for Traditionalist Orthodox Studies）的負責人，同時也是中心雙月刊《東正教傳統》（*Orthodox Tradition*）以及各種叢書的主編。

麥特就讀普大時，赫里修斯托莫斯也在普大開課教授心理學。這位大主教學經歷完整，擁有普大的博士學位，曾在哈佛神學院、牛津大學、美國國會圖書館等單位從事研究工作。他還精通七國語言，發表了逾五十篇學術文章，出版了十多本書籍。他目前正著手翻譯《荒漠智慧語錄》（*The Evergetinos*），希望出版第一本英譯本。該書記載了「沙漠教父」（Desert Fathers）的智慧箴言。他們是第一代的基督徒隱士，大約在第三、四世紀，遷居於埃及、敘利亞的沙漠地帶，過著極度克己的苦修生活，希望藉由苦修更貼近上帝。

越是深入鑽研赫里修斯托莫斯以及奧森修斯的著作，越是攪亂我的思緒。我敬佩他們傾力維護早期基督教的智慧與傳統；欣賞他們與現代生活大相逕庭的苦修生活與苦行精神。不過這群遵循儒略曆（Old Calendar）的正教教徒拒絕跨教派的對話與交流，這點令我困擾。少了對話，來自不同教派與不同信仰的人如何和平相處？

高中時，麥特是朋友群當中，心胸最開闊、好奇心最強的一位。光是蝴蝶翅膀上錯綜複雜的紋路、對數的美，就足以讓他談上幾個小時。他對世界上各宗教，包括佛教、印度教等，皆有濃厚興趣。不過他的官方版照片，像極了以前俄國東正教篤信神祕主義的邪僧拉斯普丁（Rasputin）。難道他已退化成心胸狹隘、思想封閉的基本教義派分子了嗎？難道他計畫發動「吾教高於汝」的戰爭，徹底阻撓一切進步嗎？

我聽從柯爾克的意見，拜讀了《東正教信徒朝聖記》（*The Way of a Pilgrim*）。該書啟發了麥特，讓他決定改名，踏上修道之路。此書以第一人稱手法，描述一位大字認不得幾個的農夫，為了學習保羅在新約聖經帖撒羅尼迦前書（First Letter to the Thessalonians）中鼓吹「不斷禱告」的訓誨，啟程走遍西伯利亞大草原。一路上，他閱讀沙漠隱士的靈修精選集「慕善集」（Philokia），還認識了其他東正教基督徒，因而對禱告的體會更深刻。

旅程接近尾聲時，這位朝聖者學會了誦念耶穌禱文（Jesus Prayer）——「主耶穌基督，神的兒子，開恩可憐我這個罪人」。誦念禱文時，必須一心念主，而非只是靠唇舌發聲或靠腦袋思考而已。賈維斯牧師跟我說過，禱告如同我們向上帝獻祭。對我而言，持念耶穌禱文時，似乎得全然無我（磨滅自我），所以感覺益發神祕。透過不斷重複念誦，並專注於呼吸，藉此求得內在平靜，這讓我聯想到以前的超覺靜坐。不過念誦耶穌禱文時，必須將其心全部導向主，並直接向耶穌基督發出祈求，而非不停地持咒。

跟這個故事裡的朝聖者一樣，我渴望與更大的存在（可能是上帝）結合。長期以來，這種渴望忽隱忽現，直到和賈維斯牧師重逢之後，這種渴望益發強烈。我目睹賈維斯的屬靈生活如何強化他無我與行善的能力，如何賜予他自律、耐力，完成我嚮往的目標：做對的事。追隨上帝之路上，苦修者奧森修斯似乎比賈維斯還要純粹。我想知道，追隨上帝對他的日常生活有何意義？不知他能否提供我一些洞見，讓我順利完成未竟的人生功課？

我原本擔心，自己跟這位主教可能找不到任何共通點。但讀完他力挺哈利波特的一篇文章之後，寬心不少。東正教的書評家批評該系列奇幻小說是反基督的代表作，這點讓奧森修斯憂心忡忡。捍衛哈利波特的同時，他提醒東正教會的教友，不可萌生仇外或拒絕進步的心態，也不可漠視科學、醫學、全球化帶給世界的福祉。他寫道，哈利波特的出版，鼓勵孩子的閱讀風氣，這絕對是好事一樁。藏在令人敬而遠之的大鬍子後面，其實他心胸開闊，容納百川。

我寫信給奧森修斯，感謝他在高中時，喚醒我沈睡的靈性。信裡，我表達極想見他一面的立場。他在回信裡不吝展現慷慨與熱情。他邀我等他和大主教從希臘返國後，參訪他位於北加州的修道院。時間訂在十二月。

搭機從舊金山飛往梅德福（Medford）途中，我遠眺窗外白雪皚皚的沙斯塔山（Mt. Shasta）。飛到奧勒岡南部上空時，克拉馬斯（Klamath）國家森林公園映入眼簾。一路上，我也開始思索與麥特的點點滴滴。

最後一次與他見面，兩人還是十幾歲的青少年，走的路大同小異。高中畢業後，兩人漸行漸遠：麥特委身上帝，並出家修道；我則雲遊中東、亞洲，直到破產，不得不返國，靠在餐廳調酒養活自己。

三十五歲之前，不論是工作或女友，我一換再換，沒有定性。反觀奧森修斯，選擇與上帝互許終身，畢生守貞、誓言服從、甘於清貧。

四十歲左右，我開始成家立業。所謂有其父必有其子，我也跟父親一樣，淪為工作狂，不覺有何不妥；奧森修斯主教甫在北加州蓋好一間修道院，將與靈修導師攜手培訓更多修士，延續沙漠教父的傳統。

五十五歲左右，我開始肯多花點心思充實精神糧食，希望兼顧工作與各種人際關係，讓兩者更平衡、更健全，也讓自己能過得更充實。至於奧森修斯呢？苦修生活是否讓他過得更充實呢？他是否開心？還會戀棧什麼嗎？是否到了波瀾不興的境界？

飛機平安降落。走出機艙，穿過幾道安全門之後，我看見迎賓大廳裡一個個子最高的人向我揮著手，他正是奧森修斯，身旁還有一位大主教與兩位修女。

「嗨，里。很開心你能平安抵達。」奧森修斯道。「這位是赫里修斯托莫斯大主教，以及伊莉莎白修女、凱薩琳修女。」大主教主動跟我握手，兩位修女也對我投以微笑，彷佛見我平安來到梅德福，所以鬆了一口氣。「開車回修道院要兩個小時，你肚子餓嗎？」奧森修斯問道。

「跟你們在一起，我開心之至，所以不餓。」我道。

伊莉莎白修女先去開車。幾分鐘後，她開了一輛全新黑色四輪傳動休旅車過來。奧森修斯先協助大主教坐進前座，接著協助四十幾歲的凱薩琳修女坐進第三排座位，不料因為椅距過小，她豐腴的身軀卡在車門與第二排座位之間的狹窄空間，動彈不得。

奧森修斯連推帶擠，硬把她往車內塞，並試遍車上所有拉桿，終於讓椅距變大。「這是我們第一次開這輛車出來，」奧森修斯解釋道。「所以還不太習慣。」

前一輛車是一九七三年出廠的三菱廂型車，已開了二十五萬英里，經常故障。於是教區內有位有錢的教友決定出資買一輛新車送給修道院。大主教認為，該禮送得合情合理，所以就請主教收下這輛休旅車。「當然，我們心存感激。待會經過鎮上時，我們會看到那輛老爺車，我再指給你看。」奧森修斯道。「多虧上帝幫忙，那輛車對我們也算盡心盡力。」

奧森修斯非常記掛這趟車程。他說：「大主教越來越無法負荷到處走透透，所以外出時，我會想辦法讓他舒服些。」這兩人才剛結束一年一度的歐洲行。由於大主教有肺氣腫與心臟病，無法搭乘飛機，因此他們只得從內華達搭火車到紐約，轉換郵輪到巴黎，再轉火車到保加利亞、羅馬尼亞、雅典、伊斯坦堡等地，沿路拜會東正教會的首腦。

大主教大概是餓了——或者說餓了一陣子，所以他叫我們先停車，去他最愛的中國餐廳吃飯。這頓飯對大主教而言，可說是山珍海味，因為之前他曾提醒我，修道院的三餐只有玉米糊。「這家的菜色你一定會喜歡。」他向我打包票。「我們吃素，但你愛吃什麼，盡量點。」

我點的菜跟他們一模一樣：嫩煎豆腐、素炒飯。「你應該渴了吧，何不來點啤酒？」大主教問道。於是我點了一杯啤酒，奧森修斯也是，喝完他又點了一杯，跟大主教一起喝。

今晚，在梅德福市郊一家中式餐廳，我與兩位修士、兩位修女共進晚餐，感覺有些怪異，但卻非常開心。我們一邊喝著啤酒，一邊聊著四世紀基督教修士與古猶太苦修教派（Essenes，又稱艾塞尼派，居住在以色列死海附近）的歷史。我原先以為這兩位修士思想會一板一眼，心懷偏見，但其實不然，他們（以及兩位修女）讓人感覺非常舒服。修女與奧森修斯對大主教照顧得無微不至，實屬難得，讓我動容。我們五個人的組合看似突兀，但我很開心，也很自在。

離開餐廳前，大主教把我拉到一旁，對我說：「有件事主教不會告訴你，但我覺得你應該知道。八年前，他得了淋巴癌，癌細胞長在鼻腔，病情十分嚴重，醫師說，他只剩兩年可活。」

想到好友受了這麼多苦，不禁替他感到難過。

「感謝上帝，現在他身上已沒有癌細胞了，不過我希望你知道，抗癌路上，他忍受化療與種種病痛的折磨，卻處之泰然，從不抱怨。他心頭唯一掛念的是修道院裡的弟兄。他希望弟兄不要為他操心，以免分心，無法專心禱告、服事上帝。」

「我並不意外。」我對大主教道。「在高中，他就不喜歡招惹別人注意。」

「我打包票，即使他沒有剃度當修士，他也會是大家學習謙遜的楷模。」大主教道。

「若我能有他一半的謙遜，我死而無憾。」

開車回修道院的路上，高達一萬四千一百七十九英尺的沙斯塔山近在眼前，高聳入雲。奧森修斯彷若打開了水龍頭，滔滔不絕地為我們介紹沙斯塔山：「沙斯塔山的名字，可能起源於俄文的『chistly』，意思是『純潔』；或者是源於附近一個原住民部落的名字『Susti'ka』。沙斯塔是火山，休眠已久，上一次噴發是在一七八六年，下次爆發可能要等到二五〇〇年吧。」奧森修斯不斷灌輸我們深奧的新知，一副自得其樂的模樣。我心想，自己就讀高中的孩子，大概會覺得他是個怪咖。

開到市區盡頭，我見到了「如雷貫耳」的三菱老爺車。從車頭到車尾跟廢鐵沒兩樣，一如奧森修斯所言，甚至還更糟。歡迎進入市區的路標上頭寫著，這裡住了七百九十人。「這數字還包括十四位修女、十一位修士，還有七十三隻削掉毛的羊。」大主教開玩笑道。

接近午夜時分，我們抵達修道院。在月光映照下，修道院猶如一座希臘小鎮，覆蓋在厚雪中，靜靜地向我們招手。這時，我看到一群黑點向這裡移動。一位修士為大主教開車門，協助他下車；一位則在主教耳邊竊竊私語；其他人快速向前，和大主教與主教寒暄，並親吻他們兩位的雙手。「史凡斯基呢？」大主教問道。一位修士便將他的小白狗遞給他。「我們弟兄很想跟你見面。」奧森修斯對我道。於是他帶我穿越積雪，前往禮拜堂。

那天上床睡覺前，我寄了封電子郵件，向妻子伊莉莎白報告一整天下來發生的大小事。其中，奧森修斯與他靈修導師的交情，最令我羨慕：他全心全意，張羅恩師在車上的安全，關心他舒不舒服；說話前，總是禮讓大主教先發言；將他一切的智慧與想法，悉數歸功於赫里修斯托莫斯的教導。在層級分明的組織裡，順服與虔敬也有層級之別，由下而上一路至上帝。所以修道院其他修士，也如奧森修斯禮敬大主教一般，禮敬奧森修斯。儘管身為主教，奧森修斯虛懷若谷、盡忠職守，甚至心甘情願卸下自我與喜好，全心服事赫里修斯托莫斯與耶穌基督。

我知道伊莉莎白恐怕無法接受，一個人為了信仰，竟拋棄父母與親友，終其一生服事靈修導師或上帝。但我漸能明白，像麥特這種人全心投入修道生活的心態。耶穌曾說：「人到我這裡來，若不愛我勝過愛自己的父母、妻子、兒女、弟兄、姊妹，和自己的性命，就不能做我的門徒。」若想真心跟隨耶穌基督，你必須全然委身，意味著要與家人、朋友、過去的自我，斷絕任何關係。因此，麥特才改名為基督的教名——奧森修斯，也對赫里修斯托莫斯百般順服，在其帶領下，通過不斷考驗他的疑慮與試探。

成為一位好基督徒，不必然得守貞獨身一輩子，但耶穌基督鼓勵門徒，若願意接受的話，「自行閹割，為天國的緣故。」我開始了解這話背後的邏輯：若你下定決心，要堅守自身的聖潔，與上帝無縫結合，那麼為何要讓肉體蒙受試探與誘惑？為何要讓已夠嚴峻的挑戰變得難上加難呢？為了心靈的成長，麥特選擇修道這條路，這路難如登天，必須有過人的自律與謙遜。然而，若他能持之以恆，或許他能到達我無法臻至的境界。

隔天早上六點鐘的咚咚敲擊聲，聲聲喚醒修士與修女。三十分鐘後，響起三聲鏗鏘的鐘聲。掀開窗簾往外瞧，看到十多個黑色人影排成一列走在雪地上。我穿上外套，加入他們的行列，走向禮拜堂。

接下來一小時，看著修士們不斷變換位置，舞出緩慢又幽幽的舞姿，邊舞邊祈禱。我完全不知道他們在做什麼，不過薰香與誦念的神聖氣氛震懾全場，讓我屏息。

晨禱結束，名叫葛雷格利（Gregory）的神父充當導遊，帶我四處參觀禮拜堂。「禮拜堂是我們靈修生活的重心。」他道。「誠如大家的修道層次持續提升，這裡的建設也一直有進展。」他指著一處尚在興建的工程道。

天花板與牆壁都有聖像的圖案，描繪基督一生的故事，包括基督顯容（Transfiguration）、神祕晚餐（Mystical Supper，套用東正教的說法）、耶穌復活（Resurrection）、耶穌升天（Ascension）、最後的審判（Final Judgment）等。另外也不乏沙漠教父以及該修道院守護聖人（patron saints）的聖像。

儘管室內幽暗，但聖像卻透出光亮與希望。每個聖像的臉都偏瘦長，並以紅、橘、藍、綠、金等亮色襯托。我問葛雷格利神父，何以每個聖像都被理想化？

葛雷格利神父引述聖安東尼的話說：「『基督成了人，好使人成為神。』我們的所作所為，不外乎努力洗滌與淨化心靈，以便能更靠近上帝。不過我們的感官被罪惡的烏雲遮蔽，無法感受上帝的本質。所以這些聖像彷若『進入天堂的梯子與窗戶』，提醒我們，萬事萬物並非如我們所見的表象而已，真相應該是靠著上帝的光與權威等非受造能力，萬事萬物皆用以顯容上帝。」

葛雷格利神父透露，修士每天在禮拜堂禱告數次，此外，吃飯、工作，或一個人待在自己的斗室裡，也會持續禱告。是什麼原因引領葛雷格利神父走上不斷禱告的這條路？

「年滿十八歲時，我認為自己的宗教生活應該自己負責，而非由父母決定。」他道。「我自小長在長老會家庭，對於其他宗教或教派完全不清楚。所以開始遍覽群書，包括新教教派、印度教、佛教、天主教等。我希望找出最純正的信仰，意思是能引領信徒最接近耶穌基督的教派與儀軌。研究之後，自然而然地接納東正教，也認同早期那些在埃及、巴勒斯坦、敘利亞沙漠修道的基督修士訓誨。」

同一個問題，我也拿來詢問幫我送早餐的約翰神父。「你為什麼會出家當修士？」「我從小長在天主教家庭。」他道。「高中畢業後，進入海軍服役，學會怎麼修鍋爐。退伍之後，在發電廠工作，專修鍋爐。我在那裡做了五年，收入不錯，但是忍不住自問，世上是否除了修鍋爐、賺錢付房租之外，沒有其他更有趣的事了？」他不相信教宗不謬說」（papal infallibility）。「我不信人絕不會犯錯。」所以他開始接觸其他宗教。「一切都是因緣際會，最後才選擇擁抱東正教。」

約翰神父已在這間修道院待了近十四年。「一開始，我擔心不安，因為其他弟兄都是高學歷。不過，和其他弟兄一樣，我的手指碰觸到大主教與主教的教袍，寄望這兩位傑出之士能抖下一些智慧給我。」

約翰神父說完，前往廚房檢查鍋爐——他每天的服事。另外一位修士負責照顧修道院的兩隻雞與一隻山羊。還有一位修士負責釀製葡萄酒與烈酒，原料都是大家丟掉不要的水果，包括黑莓、梅子、蘋果等。還有一位修士負責煙燻以及封裝鮭魚。附近漁民在克拉馬斯瀑布捕獲這些鮭魚，因為吃不完，所以分贈一些給我們。

不過修道院最具規模的「產業」是出版事業。透過傳統正教研究中心，奧森修斯主教每季出版一本期刊，每年出版數本著作，並動員一些修士協助作業，其中有一位負責印刷。研究中心規模最大的工程，便是由大主教親自操刀、共四大冊的翻譯鉅著《荒漠智慧語錄》。一九八〇代末大主教在牛津大學擔任研究員之際，開始了將古文翻譯成英文的使命。而他當前的目標，是向北美一群年輕人引介沙漠教父的智慧。

一踏進房間，便聽到有人敲門，原來是奧森修斯。

「我們可以坐著聊聊嗎，里？」他問。

「沒問題。」我回道。

奧森修斯主教坐在最靠近門邊的椅子——與其說坐下，不如說像一幅垂簾掛在椅子上。他穿著一件樸素的教士黑袍、頭戴毛線帽、腳套毛線襪與拖鞋，教袍遮住他的大腳。他把兩腳交叉在腳踝處，左手撐著頭，一邊說話，一邊若有所思地看著自己的腳，不時抬頭看我。他對我說：「感謝你的來訪，里。眾修士很高興招待你，大主教也這麼說。」

「我在這兒感到在家裡一般自在，這得感謝大家的款待，特別是你和大主教。」我道。「葛雷格利神父的導覽讓我獲益匪淺。」

「你看到了些什麼？」他問我。

「舉例來說，身為修士比我想像的困難。眾修士工作與祈禱都格外賣力。」

主教笑著說道：「你的觀察相當正確。他們所做的犧牲、付出，常令我感動到羞愧地掉眼淚。」

「跟修士們聊過之後，我多少能理解他們何以選擇留在這裡。葛雷格利神父不斷追尋最真實的基督精神；約翰神父希望找到比金錢更重要更恆久的東西。他們一致表示，自己何其有幸，能來到大主教閣下和你的身旁。」

「大主教是我們所有人的靈修之父。」奧森修斯刻意淡化其他弟兄對他的美言。

「與他們談話之後，我不禁對你產生好奇。我們念高中時，曾一起鑽研印度教和佛教，但是我不記得你對基督教有什麼強烈的偏好，更別說是東正教。什麼事情改變了你？」

主教若有所思地看著我，然後低頭看看涼鞋，整理思緒。

「你說得沒錯。」他說：「我們相識時，我不覺得自己是虔誠的基督徒。我父母送我們小孩上主日學，但大概在我八歲左右吧，突然說斷就斷。我覺得我爸媽不再上教堂並無特殊理由或大道理，無非就是因為生活很忙、很複雜，畢竟他們養了五個兒子。不過我心深處卻有一股渴望，引領我去研究分析印度教和佛教，可能也和哥哥克里斯（Chris）當時在讀印度教經典薄伽梵歌和赫曼．赫塞的《流浪者之歌》（*Siddhartha*）有關。」

我問他：「那麼基督教什麼時候進入你的生命？你什麼時候決定成為修士？」

他再次靜默良久。我環顧四周，這個房間是兩年前建造的，準備讓大主教的靈修導師——塞浦路斯正教會的大主教（Metropolitan Cyprian）——造訪時休憩用。塞浦路斯大主教住在雅典，是儒略曆希臘正教會最重要的領袖人物，然而他的健康每下愈況。眾修士連續工作數月蓋了一房，希望讓他住得舒服。的確，這房間跟其他房間相比，不僅大，臥室和淋浴間也各自獨立。還有為訪客（譬如我）準備的收音機、巧克力糖、一瓶修道院自製的梅酒。

「回顧當初，應該是在大一時首度考慮出家當修士。」主教道。「那時我的感情生活一波三折，心靈非常空虛。所以我從克利夫蘭一路騎腳踏車到科羅拉多，在一個佛寺待上好幾天。我和寺廟住持說，我想要出家當僧侶，但他叫我回去念書。還有一次，我拜訪紐約一間禪寺，也提出同樣要求，但禪師要我先完成學業。」麥特再度沈默不語，但這次只停了一兩分鐘，接著說：「我的精神狀態整個亂了套。若我當時出家當和尚，出發點根本不對。」

麥特大二時修了一門赫里修斯托莫斯開的課。

「大主教當時尚未出家修道，他教授的科目是人格心理學。我們之間只是普通的師生關係，我不過是他其中的一名學生。不過偶爾會在課與課之間的空檔和他聊聊宗教。他知道我正在尋找更深層的東西，於是建議我去希臘，參觀當地的阿托斯聖山。我把他的建議暫時擱在心裡，不久就忘了。一年後，當我搭乘火車橫跨歐洲時，不知怎地，基於好玩，向希臘當局申請參觀阿托斯山，順利得到許可。」

阿托斯山位於馬其頓的哈爾基迪基半島（Halkidiki Peninsula），是東正教的心臟，地位彷若麥加之於伊斯蘭教，瓦拉納西之於印度教，耶路撒冷之於猶太教。逾一千五百名修士在此靈修，有的待在山間的修道院，有的選擇偏遠的修士社院（sketes），也有人獨居在山上的洞穴裡。聖帕拉馬斯（St. Gregory Palamas）正是在此學會止觀、祈禱的方式。麥特也是在這裡找到他的方向。

「在阿托斯山的修道院待了幾週後，我明白自己會加入東正教，成為出家修士。回到普大，我向東正教神學權威弗洛羅夫斯基神父請益，選了他一門課。他與當時還不是神職人員的大主教，鼓勵我改信希臘東正教，因為希臘東正教會比俄羅斯東正教會擁有更堅定的信仰。我和大主教聊到靈修生活的意義——包括奉獻與犧牲。那一年，我大半時間都花在通勤，往返於普大和長島的一間修道院。」

這時有人敲門——約翰神父捎來大主教的口信：「大主教希望五分鐘後跟你們見個面。」奧森修斯起身，我跟著他離開房間。

「還好，我們不用走太遠。」麥特說。大主教接見我們的地方是當年塞浦路斯大主教充當會客室之處，和我房間只相隔了兩道門。裡面掛了好幾幅照片，包括塞浦路斯大主教，以及儒略曆希臘正教會幾位領袖人物。

「我正要和里談及我們落腳的第一間修道院，位於聖伯納迪諾（San Bernadino）。當地的空氣污染非常嚴重，對你的肺造成很大的負擔。」奧森修斯主教道。「之後，我們搬到俄亥俄州的海斯維爾（Hayesville），著手建造修道院。」

直到我和大主教結束談話，離開房間，整整三十分鐘，奧森修斯一句話也沒說，彷彿刻意幫大主教起個頭，讓他順利打開話匣子。

大主教說：「我們當時身無分文，所以晚上得去一家希臘餐館打工。你能想像嗎？兩個一身破舊衣衫的修士，鬍子長得不像話，一臉看起來就是耶史瓦大學（Yeshiva University，有猶太人的哈佛大學之稱）的研究所學生。我們在這家餐館工作，主教負責掌廚，鄙人負責端盤子招呼客人。餐館的所在位置有成群的牛，盛產玉米麵包，還停著一排排的哈雷機車。」

午餐之前，我拜讀赫里修斯托莫斯大主教幾年前的布道稿，主題是敬拜的目的。講稿說明了我那天早上在禮拜堂所見的一切儀軌，以及儀軌背後的意義，同時對照於近代其他的敬拜儀式。

他寫道：

敬拜的目的——在寂靜無聲中聽見上帝的聲音，我們的心、我們的眼，完全與俗世隔絕，全神貫注於可以引領我們進入另外一個世界的聖像。我們的感官完全被薰香包圍，我們站著虔心虔意禱告，謙遜地放下自我，必恭必敬地臣服於神面前。而今西方的敬拜儀軌廣被採納，信徒對著上帝又叫又唱，如此喧囂吵鬧，讓我們聽不見上帝對我們的說話聲。我們跟內心那個小小聲音距離過遠，聽不見上帝透過心連心，對我們的說話聲。在上帝之前，應完全靜默、完全臣服，絕對地敬畏。在上帝面前祈禱與念誦不該大聲喧嚷，而應懇求上帝對我們說話，與我們同在。

我開始了解何以麥特會被東正教吸引：該教派提供了一條通往啟蒙的大道，要獲得啟蒙，一路上得努力洗滌罪惡，過著無我的生活，並虔心服事上帝。苦修之路充滿障礙與陷阱，一路上的犧牲必須發自真心，且沿途將備受考驗，直到卸下驕傲與我執，一心只為上帝而活。因此這是一條他信服的道路。

高中時，在迷幻藥助陣下，我短暫體驗了超脫自我的超覺體驗，目睹美到令人卻步的宇宙，身在其中，萬物均等，不分優劣，無分強弱。高中畢業後，麥特更強烈地想親炙上帝，踏上苦修的修道之路後，一輩子得自我拉扯、自我矮化、內觀式祈禱。比起東尼的修道路，主教選擇的道路更離群、更神祕。

我和東尼、奧森修斯見面，主要目的是想釐清自己打理未竟功課的動機與目的，希望自己未來的生活更平衡、更清楚自己為何而活。親眼觀摩他們的生活態度後，我發現做對的事得時時鞭策自己、保持覺知、犧牲奉獻、不辭辛勞。在我自己的人生方程式裡，上帝的位置在哪裡？我沒有答案，但是我很清楚，若我想要重新調整自己的人生方向，繼續精彩的人生，靈性生活絕不可少。

將近六點，修士陸續集合準備吃晚餐。我們排成一列，安靜地步向白色食堂，食堂繪有聖帕拉馬斯與基督的聖像。十一個修士與我坐在長桌，主教與大主教則坐在短桌。

修道院的一切都非常簡樸，晚餐也不例外，菜色僅有豆腐、芹菜、甜椒。從頭到尾，修士未發出半點聲音，眼睛緊盯盤中飧。葛雷格利神父站上讀經台，朗讀十五世紀幾位基督殉道者的故事，這些人因為拒絕改信伊斯蘭教而慘死。修士用餐完畢，再度排成一列魚貫走出食堂，回到自己的斗室，繼續禱告。我這輩子吃飯，不曾如此中規中矩、如此「知性」。再者，我現在仍覺得饑腸轆轆。所幸約翰神父端來熱茶與點心。他把熱茶置於兩張椅子之間的茶几上，然後對我道：「主教待會就過來。」說畢旋即離開。

幾分鐘之後，房門響起敲門聲，是奧森修斯主教。他偏著頭，似乎有困擾，我心想，難道是因為我之前和他的一席談話？還是他剛剛又想到什麼？抑或他跟我一樣，也餓得發慌，需要填填肚子？

就我所讀的資料，修士被喻為靈魂的科學家，畢生投入實驗，希望找出辦法，拉近人與上帝之間的距離，進而如實反映上帝的真與善。選擇出家當修士的人多少有完美主義的傾向，凡事求完美會過得很辛苦。你得每天用力洗滌心靈，讓罪惡無法在此生根，為確保心靈保持明淨，你得一洗再洗。但是你怎麼知道你能靠一己之力遠離罪惡與誘惑？當然不行，所以你得勤洗不輟。也許奧森修斯努力洗滌的髒污，就你我這些俗人的標準來看，根本不算什麼。

奧森修斯與其他修士將一天大部分的時間用於內觀（look inward），這絕對有其意義與價值。我著手打理自己未竟的功課後，才看清自己因為過於重視工作，忽略了更重要的人生課題，棄親友於一邊，不聞不問。我這麼在意工作，說到底，是因我害怕失敗，害怕無力養活自己的家人。若非藉由內觀，正視這些恐懼，否則我仍會不由自主地強迫自己賣力工作，犧牲崇高的人生、犧牲重要的人際關係。

若我真心想改變，必須內觀，一如麥特之前所為。而今他持續專注於內觀與內省，以求滌清自己的罪，以求不受外力干擾，心無旁騖地用心禱告。不過，我一旦勇於正視自己內在的恐懼後，本能上又開始往外觀（look outward），將精神放在其他人身上，關注於自我之外更大的世界。我人生最大的回報與回饋均來自於濟世助人，來自於發揮慈悲心與同理心，小至養活自己的家人、安慰喪女的安德烈，大至多年來從事的公益活動。

強調內觀修己的修士，難道沒有任何往外看的衝動嗎？難道不會想濟助饑民？照顧病患？難道不會想降伏自我以外的罪惡嗎？

從主教沈思不語的表情，我知道自己踩到了地雷與核心。「多數走上靈修之路的人深信，世上沒有一件事具有實質的殺傷力，除了自己殘害自己。」他道。「我這番話絕非理論，而是基於事實，是一些嚴守教規（觀察敏銳）、奉行靈修、成聖者的活生生證悟。」

「你如何解釋納粹屠殺猶太人？如何解釋核戰？我們難道不該盡一己之力阻止這些憾事發生嗎？這不是我們應盡的道德義務嗎？」我問。

「里，你的看法並非從靈修角度出發。我們這些靈修者看得非常分明，知道人類多容易受到外界社會、普羅大眾、宇宙罪戾的影響與干擾，結果忽略自己內在的惡。」

奧森修斯主教闔上眼，思索怎麼講我才懂他話中的意義。

「里，你要明白，對抗罪惡的著力點（ground zero）是人心。」他道。「協助窮人、撥亂反正、促進社會和諧，都是因為內在良知的聲音呼喚我們化為行動。我發現一些社會運動若缺乏內心的質變，會越搞越糟。」

「那些在達夫爾（Darfur）受苦受難的數百萬男女小孩怎麼辦？我們不該取行動對抗那些壓迫他們的屠夫嗎？我們對達夫爾的種族屠殺是不是太沈默了？」我問道。

「這無關於靈修的看法。在往下沈淪的社會，犧牲無可避免。有些受害人應對的方式是逆來順受、愛、原諒、甚至苦中作樂。我覺得這些所謂的『受害人』到頭來反而是贏家。真正的受害人其實是那些加害者，他們被自己的激情與罪惡所主宰，必須吞下永無止境的可怕苦果。」

你必須信仰上帝、相信來生、認同善有善報惡有惡報的因果循環，才能接受森聖修斯上述的觀點。若你跟我一樣，對這些事多少打上問號，可能無法輕易了解他的靈修觀。不過我盡力了。他的說法是否意味著，迫害其實提供了受害人成聖的機會與希望？所以我們這些外人與第三國不該插手干預？抑或我誤解了他的意思？也許他的意思不過是：「別讓其他人的惡影響你，以免你分心，忽略自己的惡。」

「所以說，我們人類最重要的戰役是對抗自己。」我斗膽問道。

「沒錯，里。一如大主教一再對我的訓誨：我們最重要的功課是先顧好自我的小宇宙，再處理大宇宙。」

主教這麼一說，我才明白他剛剛那句「一些社會運動若缺乏內心的質變，會越搞越糟」的意思。其實他要說的是，一個人若想改變社會，起心動念須來自於「內心良知的聲音」。

過去幾個月，我開始經歷內在質變，不論是對自己還是對周遭親友，都更能以同理心對待。儘管奧森修斯與其他修士的靈修成就已到了我難以想像的境界，不過我的確感覺自己變了，過程中，不但心開始淨化，也漸能順應良知而行，並持之以恆。首先，我得正視自己的恐懼。克服恐懼之後，才有能力對別人伸出援手。第三步是反省：思索和失聯已久的朋友再見之後，對我以及對方有何意義與影響。

這段過程絕對需要紀律與自制：除非我先正視恐懼，否則無法關愛其他人；除非我關愛其他人，否則無反省的對象；除非我反省，否則良知無法昇華，遑論有所行動，而且是持之以恆的行動。我希望和主教分享這些心得，不過才正要開口，約翰神父就走了進來，低頭親吻主教的手。「你們茶喝完了嗎？」

「是的。」主教道。「拜託你先跟大主教說一聲，我們馬上過去。里明早就會離開，大主教應該會想再跟他聊聊。」

前往大主教斗室的路上，遍地白雪，這時我終於道出懸在心上一整天的問題。「你說過，若要提升靈修層次，需要百依百順、全神貫注、嚴守紀律，而且二十四小時全年無休。難道只有出家才有辦法昇華我們的心靈嗎？」

「對不起，你可能誤會我之前說的話，里。」他道。「我的意思是每個人的靈修層次都不一樣，我想主教也作此想。這裡的弟兄努力過著如耶穌基督般的生活，希望能與神合一。但對某些人來說，未必要用同樣的方式才能提升靈修的層次，有時僅僅只是將嫌隙或不滿等看似微不足道的事稍微轉個念，也算靈修。你必須決定自己的靈修層次，然後從那裡出發。」看來我好像又離理解自己的層次更進一步了。

修士房間的大小通常僅僅比嬰兒床稍大一點，裡面只擺了一張桌子、一盞燈、一張椅子。由於大主教行動不便，加上需要和世界各地的東正教會教徒保持聯繫，所以他的房間比其他人稍大。裡面放了一張皮製的閱讀椅、一台液晶螢幕電腦、一台接了TIVO機上盒的電視，另外還有一個他的愛犬史凡斯基專用的大枕頭。

大主教請我過來，希望討論一些時事。他的眼神告訴我，這次對談對他猶如一頓大餐。當天稍早他曾跟我說：「我對知識的胃口很大，希望你別介意。每當擁有豐富知識的人靠近，兜售知識鵝肝醬，我就像餓了很久的老饕，忍不住食指大動，揮舞刀叉，恨不得立刻用餐。」

他對時事瞭若指掌，也提出他的看法：伊拉克戰爭（「鬧劇一場」），歐巴馬參選（「我們只能等待結果出爐，但不放棄希望」），東正教會少數激進分子的反猶太主張（「就諸多面向而言，這件事讓我既難過又不解，畢竟早期的基督教修士深受西元一世紀猶太修士的影響。而且當今東正教諸多信徒中，包括多位我認識的主教在內，其實具猶太血統」）。

也許這裡的修士每月得看《前線追蹤》（*Frontline*）或是「國家地理頻道」（National Geographic）等電視節目兩次，節目事前經過主教審核，刪除含有性暗示的內容。我在修道院的最後一晚，跟著奧森修斯一起陪著大主教觀看布萊恩·威廉斯（Brian Williams）播報的夜間新聞。大主教也預錄了最新一集的《神經妙探》（*Monk*），影集的主角是位患有強迫症的聰明偵探，是大主教最愛的節目。我們則對這位真正的修士著迷於電視裡的神探，感到十分逗趣。

大主教也告訴我一些聖伊望（St. John）的故事。他非常敬重這位生前在上海與舊金山教會的大主教。聖伊望出生於俄國，時常救濟窮人，蓋了許多孤兒院收容家境貧寒的小孩。聖伊望有超強的預知未來能力，包括預言他自己的死期。

終於，到了我該回房打包的時候了。

離開之前，大主教為了他辭不達意向我道歉。「在這兒生活太久，會剝奪一個人的說話能力。」他解釋道。在一陣拿捏精準不輸喜劇大師的停頓後，他接著道：「只不過有時人還是可以從搞笑版耶穌（Jeeesus）與搞笑版約瑟夫·史密斯（Joseph Smith，摩門教創始人），嘀咕、放屁、發願的空檔，或是在大啃牛肉漢堡、油膩膩薯條與廉價啤酒繼而打出飽嗝時，得到一些珠璣與睿智。」我和主教聽罷放聲大笑。「晚安。」大主教說。

隔天早上，我打包好行李，在房裡用完早餐，接著和主教喝了杯咖啡。回紐約之前，他詢問我其他兩個中學同學的近況。他擔心其中一個說不定死了。他說：「我說不上來為什麼，但就是有種不安的預感。」我告訴他那人還活著，住在佛羅里達州，他聽了不禁鬆了一口氣。不過遺憾的是，另一位年紀較大的朋友因服藥導致精神崩潰，不得不住進精神病院。這位同學以前聰穎優秀，善於寫詩。

我和奧森修斯匆匆聊了一會當年吸食迷幻藥的情景。他其實已沒什麼印象，只記得中學那幾年他「不知感恩、誤入歧途、對生活漫不經心」。我覺得，他似乎無法苟同過往的自己。我趁勢問他跟父母的關係。他說現在還算處得不錯，但剃度出家修行後，有多年他刻意和家人保持距離，起因可能和母親的態度有關。她認為大主教彷若會用邪術的史凡加利（Svengali，莫里哀小說中的人物，透過催眠讓人唯命是從）。一席話讓奧聖修斯認為母親恩將仇報。

「我那時候自以為是，又拉不下臉祈求她的原諒。」他道，臉上對母親充滿感情。我依稀記得他母親既溫柔又漂亮。之前他因癌症臥病在床，父母還曾來修道院照顧他，一年來好幾次。他剛硬的脾氣漸被父母的愛軟化。他母親儘管已高齡八十三，記憶力大不如前，但還是努力認識東正教，這也讓他十分感動。

我們多數人把自己視為兩條故事線的一分子：一個是個人的故事，另一個是家族代代相傳的故事。不過奧森修斯主教對兩者都不太感興趣，他認為自己是近兩千年前悠久歷史故事的一分子，該故事發跡於埃及、巴勒斯坦、敘利亞的沙漠，之所以延續至今，靠的是少數男女信徒。他們不斷透過禱告、齋戒、禁慾、服事等苦修來淨化心靈，與神心連心合為一體。

這趟旅程讓我淺嘗了苦修生活的滋味。儘管我不可能過這種生活——沒辦法，我太愛妻小，但我敬佩做此選擇的人。

我和奧森修斯先去大主教的房間接他，然後一起走過庭院，庭院有三個石灰石砌的墳塚。這座修道院已有三十年歷史，和其他組織機構一樣，陸續有人在此生老病死。其中兩墓葬的是在這修道院老死的修士。第三個墓則埋葬了當地一個牧師的兒子，他在希臘因車禍意外身亡。

通常屍體腐爛分解後，死者的骨頭會被放進骨罐，空出墓穴的空間，留給下一個過世的修士。但修士們忙於其他服事——如栽種葡萄、蓋雞舍、或是裝修塞浦路斯大主教的套房，因此放骨堂到現在還沒蓋好。

「我們的當務之急就是蓋放骨堂。」主教道，一邊陪著我和大主教走向那輛全新的休旅車，載我到機場。「希望能在年底前完工。」他道。

「別這麼急嘛。」大主教皺著眉頭道。「怎麼你和弟兄都這麼急著讓我住進去呢？」

主教傾身吻了下大主教的手。「現在你知道是誰在拖延我們的進度。」他笑言。「大主教閣下，您離長眠還很久呢。」

主教的笑聲一如往常，讓人非常窩心，但現在又多了一種特質。多年前我看著好友麥特爬上一棵樹，縱身躍入水池，不僅有天使般的優雅，也帶有戰鬥機飛行員不顧一切的豪情。那時，我羨慕他勇氣過人；此時，他不卑不亢，虛懷若谷，讓我佩服。「謙虛」（humility）的拉丁文字根是humus，亦即土壤的意思。真正謙遜的人，不認為自己高於他人，甚至不會比腳下的泥土清高。奧森修斯就是這麼謙遜。和他交往，我絕不會實踐謙遜或必恭必敬這沈默的美德，也不會敬心服事。但是說到啟蒙與向上，我一定會以他為榜樣。

我搭乘從梅德福出發的紅眼班機（Red-Eye，深夜起飛的班機），約在早上六點飛抵紐約，到家時已九點。

我之前曾擔心，拜訪奧森修斯可能打擾他平靜的生活，害他想起無力面對的種種過去。不過一切全是我多心，一如之前誤會了安德烈和佛恩姑姑。一到家，便收到奧森修斯寄來的電子郵件，上面寫著：「這段時間的相處讓我得以重溫過往，想起過去說過的話和做過的事。更重要的是，還有一些立意良善的雄心抱負。」他接著寫道：「任何經驗都有益於提升靈性生活。」我的造訪對他修道「提供了動力與熱情」。

晚上，我和伊莉莎白照例舉辦了一年一度的光明節（Chanukah）派對。每年我們都會邀請六十來個親朋好友來我們的小公寓聚聚，一起享用炭烤牛胸肉和傳統的馬鈴薯煎餅（latkes）。不過，今年的派對我特別開心。造訪修道院固然愉快，但我很清楚，自己在修道或靈性上若有任何長進，一定發生在這裡，跟這間屋子的所有人一起分享。

只有一小群人會出家當修士或僧侶，其餘則散居於社區、國家與行星，做個普通老百姓。我們修身養性之際，同時得善盡兒女、父母、夫妻或鄰居的角色。修道院外的塵世誘惑超多：說謊、欺騙、偷竊、走捷徑、偷懶、心不在焉、充耳不聞、垂涎眼前的一切、覬覦別人的東西想方設法據為己有。一切只想到自己，也是難以抗拒的誘惑，但沒有人是十全十美。奧森修斯表示，每個人都有不同的修道層次，這說法的確讓人頗感安慰。對某些人而言，必須久坐在高杆頂端並齋戒三十天，修道才能更上一層樓。但對其他人來說，克服塵世的紛擾，以免把氣出在父母、伴侶或上司身上，就是一種進步。只要能將這些瑣碎的紛擾稍加轉念，或是對一個陌生人伸出援手，就是一種精神上的提升與進步。

重要的是，我們能將這些過程牢牢銘刻在心裡，推升我們邁向更高層次。大主教會說，我們每人都能成為神，因為神曾是人。我不會去挑戰這個說法，但我是猶太人，所以也不會力挺這說法。我只知道：在這喧囂又常讓人分心的俗世中，我們必須找個安靜的地方，時時檢視我們的心靈。

我們必須捫心自問：生活是否夠平靜？是否能讓自己定心？是否能讓自己聽見「內心那個隱約的小聲音，上帝透過它，對我們的心說話」？

我越來越清楚自己修道的層次。若想在心靈上有所成長，我必須對周遭的人（尤其是伊莉莎白和孩子）更加慈愛、親切、大方、感恩。若卡洛琳有要事想跟我討論，我能放下手邊的工作專心聽，或是在諾亞難過的時候安慰他而非轉身離去，那麼我的修養與心靈就向上提升了一大截。感謝奧森修斯，讓我體悟到這點。

本章一開始，我決定找到麥特，他一向走較少人走的路。「較少人走的路」對每個人而言，意義不同。若你是個律師或生意人，這條路或許會把你帶往文壇或樂壇。若你是事業有成的女強人，這條路可能要你回家相夫教子。有些路只有一小群人會走，諸如馬戲團小丑或爆破專家（demolitionist）。有些路很多人走，但你不想一窩蜂。不妨試著找出那位曾跟你一起做夢的好友，但這位好友後來可能踏上一條與你完全不同的道路。看看他人生後來走到了哪裡，想想若你是他，會走出什麼樣的人生？最起碼你們兩人可以一起分享照片和回憶。或許你能藉此重新認識自己與未來，同時品評自己的心靈層次。

第八章　艾略特・涅斯對祖父曉以大義的那一天

——修補家族傷痕

看著帕吉叔叔對佛恩姑媽敞開心胸、並開始拜訪她，著實令人欣慰。但叔叔和老爸之間的嫌隙，依舊和以前一樣深，這讓他們的妻小很難做人。我有可能充當和事老，在為時已晚之前，幫他們重修舊好嗎？

檢視這份「未竟的人生功課」時，我看到讓這對兄弟言歸於好的一線曙光。當帕吉告訴我，探訪佛恩讓他感到開心，我靈機一動，順口問他想不想去探訪老爸？他沒接話，但種子已悄然播下。當我開始訓練兒子班，我發現自己對老爸的高壓訓誡、調教，還真是忍耐力十足。若我有能力讓帕吉叔叔和爸爸和好，我很有把握，自己和老爸的關係也會大大進步。

在完成未竟人生功課的路途上，我學到一件事，就是「主動伸手」本身就會帶來改變。每一次，當我對某些人敞開自己，好事就跟著發生，而我也變得比之前快樂。不過，讓老爸和他老弟和好，這事可棘手了。一九九〇年，帕吉叔叔的長子和我家兄弟曾聯手策劃，給他倆在芝加哥大街街角安排了場不期而遇，結果這「奇遇」竟只持續五分鐘，兩老就各自彆扭地龜縮進計程車，之後對這次會面絕口不提，當然也不曾對彼此再開金口。若我想捲土重來，我得先迂迴地各個擊破，讓他倆湊在一塊，而不感到威脅或疏離。

我一直有個想法：要讓我家男人熱血沸騰，唯一靈藥便是黑幫故事。只要一講起家族經營橡膠輪胎生意的過往，大家立刻火爆互槓，字字濺血、句句見骨，滿是譴責與尖酸；然而，若講起任何一位工會或黑幫老大，剛好是他們的舊識，這些男人就津津有味地講起古來，從當年是在哪裡碰到阿毛、小馬哥、骨頭、大奇開始，把每一次的會面說得彷彿僅在昨日。所以，若我能起個頭，讓帕吉叔叔和老爸講講黑幫故事，或許就能破冰了！而且我真走了狗屎運，手邊剛好就有這麼一個現成的故事，當年年紀小時，祖母曾經跟我講過數千遍：

在禁酒令時期（Prohibition），你阿公和他家兄弟靠著出售玉米糖給私酒商，賺了不少錢。聽我說，準沒錯，這生意實在有夠危險，搞不好是會出人命的！

克拉維茲家族和義大利兩大黑道家族——波瑞羅（Porrello）以及羅納多（Lonardo）——搶生意。波瑞羅家的兄弟在夜晚被幹掉，艾略特·涅斯（Eliot Ness），這位有史以來最偉大的罪犯打擊者，親自來到你曾祖父開的雜貨店，我不是說著玩的，當時我人就在現場。他真是個大帥哥啊！他指名要見你阿公，他說：「我滿喜歡你的，班尼，你是個好孩子。」接著又說：「班尼，別在這行混了。」班尼便照辦了。

倘若這場景發生在芝加哥，而非克利夫蘭，我家族傳誦已久的這樁事蹟，就會被演成《鐵面無私》（*The Untouchables*，一九八七年經典電影）裡的一幕，這電影演的是政府公僕艾略特·涅斯對抗黑幫梟雄艾爾·卡彭（Al Capone）的故事，艾略特·涅斯由奶油老生凱文·寇斯納（Kevin Costner）擔綱，就像原本的電影一樣，而我祖父班尼，應該會由一位肥短禿頭的演員出任吧！

關於涅斯這個故事，我已經吹噓過好幾十遍：講給我想把的妹聽，講給小孩當作床邊故事，也講給自己聽，複習一下我的家族曾經那麼輝煌多金的過往。

不過，這些年來，我也不是沒懷疑過這故事的真實性：艾略特·涅斯真的開導過祖父，讓他一生免於犯罪的墮落？以前忙著上班，我從來沒時間調查這件事到底有幾分真假，現在時間多到爆，而且可以把老爸和帕吉叔叔拉進來，他們可是非常重要的線索。

我決定著手調查涅斯的故事，處理規格等同我在編輯雜誌文章的力道。我要一篇篇去追究舊報紙的報導、法庭記錄，釐清人事時地物，查證每個引句、可疑細節，是否正確無誤。

由於祖母故事裡的主要人物都已歸天，我得倚賴親友提供二手、三手資訊，了解關於涅斯、波瑞羅家族、祖父的種種，這給我大好機會向克拉維茲家族的所有成員開口，包括那些彼此已經不講話的，像是老爸和帕吉叔叔。首要之務是先確定，我從祖母雪莉那裡聽來的版本，和她告訴每個人的是否一致。

我寄電郵給老爸：「她是這樣跟你講的嗎？」

「差不多啦！」他回信。自從祖父母過世，老爸就很以「家族史學權威」的身分自居並且為榮。「家族裡還活著的，沒人比我更清楚了。帕吉和其他人哪知道什麼！他們不在場，**而我是唯一住在查札（Chatza）雜貨店樓上，一直到我四歲……和愛德華．孟洛（Edward R. Murrow）一樣。『我人就在那裡。』**」

讓老爸最感興趣的黑幫故事，和涅斯無關，主角正是他這位歐吉桑本人。在一九三二、一九三三年，他還是個小嬰兒，據傳羅納多這個犯罪家族曾企圖綁架他。「他們希望克拉維茲家族賣給他更多玉米糖，」老爸解釋，「**所以他們給班尼阿公送來張紙條**，然後載著我『在街區兜了幾圈』，才把我『放回』**門階**上。」

我去洛杉磯拜訪帕吉叔叔，對於綁票一事，他既沒背書也沒否定，只是說起涅斯，他就無可奉告了。「喂，我比哈利小五歲，在我有記憶的時候，你阿公阿嬤已經另起爐灶去開創新事業了，我是後來才出現的。」

帕吉似乎還對舊事耿耿於懷。「哈利是家裡的大明星，一直都這樣。我不討厭你爸，」他說，「只是我從沒喜歡過他。」現在，來到七十二歲高齡，他說他不特別渴望和老哥和好。「人生苦短，我有自己的優先順序。」他解釋。

「若對涅斯的調查有新的進展，要通知你嗎？」我問道。

「那當然！」他回信。

這是個好兆頭。超過二十年來，我和老爸的對話不曾出現帕吉叔叔，而帕吉這名字也不曾出現在我和老爸的信件往返裡。如今，追查涅斯故事的真相才要開始，疏離的兩兄弟至少已相互提到彼此名字，而且都希望參與其中，這意味我的電郵可以一起發給兩位，即使是這麼點芝麻小事，我都認為是個大突破。

開始把老爸和叔叔牽扯進涅斯故事的調查，我突然想到賈維斯老師提過一件事：「愛，需要努力。在你開始說話或有所行動之前，你必須把自己放進對方的立場，弄清楚他打從哪來。」

我這輩子從沒把自己放進老爸的立場，弄清楚他為了養活家人小孩，經歷了什麼辛酸。他經常說教，都是些關於人生該怎麼活啊、站上投手丘該怎麼投啊之類的單向溝通，風格令人無法恭維，而且說著說著就脫了線。他不願意向弟弟帕吉主動伸手，就很像他的作風。通常，我覺得他很膚淺、小心眼、幼稚，為什麼他老看不清這些滿腹委屈，其實是對自己的一大戕害，而他的固執、直言不諱，其實殺傷力十足？難道他不知道，兄弟鬩牆對妻兒造成多大痛苦？難道他不知道，自己老是在砌牆，拒他人於牆外？

然而，也是這個老爸，連續多年來每個禮拜認真地給我寫家書，每一封現在都被我收藏在一個全新、特製的硬紙箱裡。也是這個老爸，對家族抱持著鮮明到令人不好意思的驕傲，還自詡為家族史學權威。最近，當我開始檢視這份未竟之業，帶著比較悲憫的角度來看他，發現他經歷了獨特的悲苦。他全聾二十多年，遭遇過慘烈的中年危機，還待業十多年。從各個面向看，他的人生都不好過，但他全然接受，毫無怨言。

我想，讓爸爸深感困惑的，是這個世界實在太變化多端吧！它變得太快，而且一直如此，以至於他找不到自己的角色和位置。成長階段，家族生意穩定繁榮，可以倚靠，如今這些早已成為過眼雲煙。當他還與祖父母同住，那是個敬老尊賢的年代，如今老人算哪根蔥！老爸現今高齡七十七，是克拉維茲家族有史以來最高壽的男性，但他的孩子散居各地，分別住在四個不同城市，而且彼此沒在聯絡。

越和老爸親近，我就越了解他。儘管他是個遭遇許多挫敗的聾子，我的爸爸，這些年來還是很有成就的：他一路工作到六十幾歲，把四個兒子全送進大學，讓數百個男孩愛上棒球，並從這項運動學到良好價值觀。面對這個不確定的世界，他還真是令人佩服，你沒辦法指使他，他有自己的觀點和結論，他用自己的方式擁抱改變。

過去幾個月，我和老爸似乎拉近了距離，我想繼續保持下去，也想藉著讓他和帕吉叔叔和好，來個一箭雙雕。

我的查證過程註定要曠日費時，而且不保證成功。一如東尼所警告的：「這類的愛，可能很棘手、討厭，還很昂貴。」我買了張飛往克利夫蘭的機票，去看可能提供線索的一位親戚，也就是老爸已經不常往來的堂弟哈雷（Harley）。

當我抵達哈雷的鄉村俱樂部，一名女侍領我來到一張大桌，剛好可以俯瞰全美數一數二修剪得最漂亮的高爾夫球場。一九九六年，名將湯姆．華森（Tom Waston）就是在此贏得美國高球公開賽冠軍。

「克拉維茲先生是我們俱樂部總裁。」女侍說。

「是喔？我不知道耶！」我撒了個小謊。

「他還是我們最好的高爾夫球手之一。」

哈雷叔叔起身，給我一個熊抱。他的身材五短結實，和本家族所有男人一樣，笑的時候，臉還會稍稍朝右抬一下。

「艾莉絲太抬舉我了。」哈雷說，「我爹可高明多了。」

哈雷的爹，也就是我叔公奧斯卡，是班尼祖父的弟弟，過世前曾因一次大中風而不良於行，所以我對他印象很深刻。我很好奇，奧斯卡叔公是否曾跟哈雷說起任何關於涅斯的事。

「那是當然的啦！」哈雷叔叔回答。「他跟我講過一拖拉庫涅斯和他那幫手下，出現在你曾祖父雜貨店的故事。查札可真是一個狠角色啊，不肯讓他們進門，因此涅斯把他推開，一邊呼叫班尼，那時班尼正住在雜貨店樓上。」

「那時雪莉阿嬤在嗎？」我問，雖然我知道在奧斯卡的版本裡，祖母不會是個角色，就像在她的版本裡，奧斯卡也不會出現一樣。

「據我所知是不在。」哈雷叔叔回答，「只有奧斯卡、班尼、查札。阿爸告訴我，涅斯給他們看了一疊供應商的收據，清楚列出賣玉米糖給他們的是誰。先前，克拉維茲家族買了一公噸的玉米糖，涅斯想知道這些糖的下落，班尼和我爸卻拿不出交易收據，涅斯因此明白，他們把玉米糖都賣給私酒商了。涅斯說：『現在收手，我就放你們一馬！』

「老爸和班尼說服涅斯，寬限他們一個週末，讓他們把事情打點好。結果你阿公真的吃了熊心豹子膽，真的！克拉維茲家族在那個週末，海撈了一筆。」

奧斯卡叔公跟哈雷講的故事，大部分和祖母跟我講的吻合，但哈雷還講了涅斯與克拉維茲家族的關係，是我頭一次聽到。

「戰後，涅斯失業還酗酒，跑來找班尼和奧斯卡幫忙，」哈雷說。「他們給他一個賣馬達座的活兒，我猜是兼差性質抽佣金的。涅斯一直做這差事直到他過世。」

這太令我不敢置信了：身無分文、精神委靡、還酗酒！這太不符合教會男孩兼政府公僕涅斯的形象了，我祖父真的有幫他掙回尊嚴嗎？

且慢，先來細說從頭吧！

祖母的版本提到一件事證：涅斯走訪查札雜貨店，和波瑞羅兄弟被幹掉一事，發生在同一天。若我能證明：波瑞羅兄弟橫死當天，涅斯人就在克利夫蘭，那麼她的故事就更可信了，帕吉、老爸、哈雷也就有共同的故事依據了。

研究把我帶到「西儲地歷史學會」（Western Reserve Historical Society），那裡的圖書館員態度吊兒郎當，既不知波瑞羅兄弟被殺日期，也不知當天涅斯是否在城裡，但她倒是給了我一堆書籍、簡報，記錄了一九二〇至三〇年代，憲法第十八修正案助長地下私酒經濟蓬勃發展時，黑幫和私酒商在克利夫蘭的橫行事蹟。

玉米糖，正是促進這波經濟活絡的幫兇。不到六磅的玉米糖，就能製造出一加侖威士忌，像我曾祖父查札這樣的雜貨店老闆，就有本事買進一堆現成的玉米糖。

不過，錢大都是進了羅納多、波瑞羅兩大家族的口袋，他們靠著賄賂、恐嚇建立起廝殺慘烈的原料帝國。從一九二〇年到禁酒令結束，這期間光在克利夫蘭，就有超過百人死於玉米糖爭奪戰，一九二七年十二月十一日，是一連串暴力事件的濫觴之日，羅納多家的「大喬」（Big Joe）和他兄弟約翰（John），在歐塔維歐・波瑞羅（Ottario Porrello）的理髮店後院被射殺身亡，很快地，一具具屍體跟著在湖裡、峽谷、廢棄車體裡被發現。

一九三〇年七月五日，歐塔維歐的兄弟喬（Joe），在克利夫蘭「小義大利」一家餐館遭擊斃。根據《克利夫蘭時報》（*Cleveland News*）報導，「凌晨兩點二十七分，喬・波瑞羅腦部中了三顆子彈，倒地身亡，嘴裡還含著剛剛點燃的煙。」三個星期後，喬的兄弟吉姆（Jim）在出門買東西時被槍殺，「他剛吩咐肉攤老闆說要買羊肉，就一命嗚呼了。」《克利夫蘭時報》說。

槍殺行動一波接一波，直到一九三二年二月二十五日，雷蒙和羅沙里歐・波瑞羅（Raymond and Rosario Porrello）在自家雪茄店後院玩撲克牌二十一點時遭格斃，雪茄店所在的一百一十東街和木林大道，距離查札雜貨店才三個街區。

我的研究告一段落。波瑞羅家兄弟分別死於三個日期：一九三〇年七月五日、七月二十六日，和一九三二年二月二十五日。現在，我需要查出在上述三個日期裡，涅斯是否曾到過查札雜貨店附近。根據報紙，我拼湊出這個時間序：禁酒令於一九三三年終止前，涅斯在芝加哥擔任司法財政部特調員，然後轉到辛辛那堤一年，在酒稅單位工作，直到一九三四年八月十六日，才到克利夫蘭擔任酒稅調查員，專管北俄亥俄州，但那時波瑞羅家的五兄弟早就都死了，而我祖父也已經開始他的橡膠輪胎生意了。

我追查涅斯故事，因為我需要這個引子，來幫助修補爸爸和叔叔之間的嫌隙。他們和克拉維茲家族的其他男人一樣，愛花好幾小時，回憶他們認識的黑幫分子，因此涅斯故事是絕佳的破冰工具。

另一個較不具策略性的私心是：我想讓祖父班尼的回憶更鮮明。祖父全盛時期——就是他胼手胝足開創公司，並奉獻一生濟助他人——認識他的人現在幾乎都已作古。藉著追查涅斯，我得以了解更多關於祖父的人生片段，得以將這些發現傳給我的子孫，讓祖父在他們記憶裡，再活個一百年。

這是我對涅斯故事鍥而不捨的原因：少了他，班尼祖父的生命史就會不復記憶。我還有另一管道，就是找瑞可．波瑞羅（Rick Porrello）聊聊，他祖父就是當年在雪茄店被槍殺身亡的那位。瑞可在克利夫蘭郊區當警察，不過呢，夜間不值勤時，他寫了好幾本關於集體犯罪的專業書籍，還經營一個與美國黑手黨有關的網站，若要找人釐清克拉維茲家族在克利夫蘭玉米糖戰爭中扮演的角色，那人非瑞可莫屬。

我們約在「希臘瘋子餐館」見面，因為小弟我曾經在這兒當過酒保。瑞可一走進來，你就知道是他：剃個大光頭，晒得黝黑，穿了雙鱷魚皮懶人鞋，他真的可以在好萊塢電影軋一角，飾演智多星或劇作家。

我坐在吧台，喝著代表硬漢形象的第二杯伏特加，他坐到我旁邊，自我介紹後，我問他：「可以請你喝一杯嗎？」

「謝啦！」然後他點了杯加冰塊的蔓越莓汁，解釋道：「我幾年前就戒酒了。」

這位黑幫老大金孫的「重生」，著實讓我吃驚：他看起來明明就像個智多星，卻喝著蔓越莓汁；工作是警察，卻寫了一堆黑幫的書，那他當警察的動機是什麼？難不成是為了他祖先血跡斑斑的過往贖罪？

「不是啦！」他說。「是因為我覺得，這工作可能滿好玩的。」

很顯然，惡名昭彰的波瑞羅家族後裔，並沒興趣跟我討論他幹嘛要當警察。反正我真正想知道的是，他的書寫到克利夫蘭玉米糖戰爭時，有沒有剛好讀到克拉維茲家族的資料。

「沒有。」他說，「但這沒什麼，玉米糖生意鏈裡，許多猶太人牽涉其中。」

他們之中，有人大到可以和羅納多或波瑞羅家族相抗衡嗎？

「嗯，他們都不夠長壽。」他回答。

接著我告訴瑞可關於我老爸的故事——羅納多家兄弟，據傳曾企圖綁架他，又把他放了。

「沒這事！」瑞可說。「果真如此，你老爸早就小命不保了，你也不會坐在這兒和我說話了。」

瑞可給我製造了一個強烈的意象：我那襁褓中的老爸躺在淺淺的墓地裡，但我不打算跟爸爸說這些。他對自己的認知，太多是植根於他被羅納多兄弟綁架的「記憶」。我想藉著這項研究，讓家族成員緊緊相繫，而要達成此一目標，我必須著眼於真正要緊的故事。

「猜猜怎麼著？」我去信帕吉、哈雷和老爸。「祖母的故事有誤，波瑞羅兄弟遇害當晚，涅斯他人在芝加哥。瑞可．波瑞羅也說，他為寫書做研究時，並沒看到克拉維茲家族相關的資料。我開始懷疑，班尼和奧斯卡賣給私酒商的是千斤頂了。」

這封電郵引發旋風式回應，尤其是老爸，一天內，他寄來下述文件副本：查札移民文件、班尼祖父和雪莉祖母的結婚證書、祖父名下第一棟房子的契據影本，以及老爸自己的出生證明。爸爸以這些文件，做了強有力的推論：把波瑞羅家庭事件從祖母故事中拿掉，先假設她把兩件事：波瑞羅遇害和涅斯走訪，混為一談，那麼涅斯極有可能在一九三四年四月十六日至一九三六年十一月二十三日間，來到查札雜貨店和班尼懇談。

哈雷同意這樣的假設：「奧斯卡在講涅斯故事時，從沒提到波瑞羅家族。」顯而易見，克拉維茲家族的男人們，沒人想要讓涅斯故事草率地成為過眼雲煙。破冰大典即將登場。

不過，並非每個人都同意我對涅斯故事如此深入。我把這事跟西雅圖一個朋友講，他就很不看好：「所有關於你家的故事，這件是我的最愛之一。」他說。「你幹嘛把它給毀了？」

這真是個好問題。我追查涅斯故事，出發點是讓帕吉叔叔和老爸重修舊好，萬一弄巧成拙，把班尼祖父當年金盆洗手的崇高道德情操也給矮化了呢？截至目前為止，波瑞羅家族已從故事裡消失，萬一涅斯其人也消失了呢？這故事不就隨風而逝了嗎？而我也成為家族罪人，把祖父被涅斯視為守法公民、而非犯罪宵小的英勇形象給毀了。

但事情有點遲了，我已經釐清這故事的一些關鍵元素，像查出波瑞羅兄弟橫死的血腥部分。往好處想，涅斯和查札關聯仍在，這要感謝老爸；接下來我要查證哈雷叔叔所言是否屬實：涅斯消沈後，祖父真的有給他一份工作嗎？

我從研究得知，涅斯對付克利夫蘭這幫壞蛋的狠勁，和他在芝加哥時的雷厲風行不相上下。他突襲夜總會、搗毀私酒廠、招惹媒體，讓克利夫蘭的改革派市長刮目相看，指派他為公共安全督導，等同打擊罪犯先鋒。任內七年，涅斯大舉整頓克利夫蘭惡名昭彰的警政系統，向掌控私酒釀製、色情賭博的幫派分子宣戰，而且獲得大成功。

涅斯的唯一失敗，是敗給有「金斯貝瑞河邊殺人魔」（the Mad Butcher of Kingsbury Run）之稱的連續殺人犯，這人手段極端兇殘，他把被害人頭部割下，弄得全城心驚膽戰。涅斯未能將這名「軀幹謀殺犯」（Torso Murderer）繩之以法，臉上不很光彩；加上他的花花公子形象、慘不忍睹的離婚過程，以及一九四二年三月五日的酒駕肇事卻未呈報，導致兩個月後，被迫離職。

就在此時，我當年才三十二歲的祖父班尼正朝輝煌騰達之路邁進，累積財富成為百萬富翁。他所創辦的「安佳橡膠」（Anchor Rubber）公司，生產馬達座供軍方吉普車使用，政府訂單有如潮水，讓克拉維茲家族有賺不完的錢。

涅斯曾在二次大戰期間，從事橡膠業，這事讓我好生竊笑一陣。他在華府特區主掌「聯邦社會保護署」，職責為宣導戒酒、安全性愛，並教育新兵關於「軍營大忌第一條」的危險：「戰爭相關事業裡，」涅斯老愛這麼強調：「超過一百二十萬名男士女士得定期從工作崗位告假，去治療梅毒。」諷刺的是，就是梅毒，要了涅斯首要大敵：芝加哥黑幫老大艾爾．卡彭的命。

戰爭終了，涅斯到一家進出口公司任職，成為俄亥俄州肯頓市（Canton）戴博保險箱與安全鎖公司（Diebold Safe and Lock Company）總裁，但做生意實在無聊透頂，於是他在一九四七年，代表共和黨出馬競選克利夫蘭市長，口號是「投給涅斯」，卻大大地慘敗。當祖父開始關注慈善事業，並且在以色列開辦橡膠輪胎公司時，涅斯正來到人生最低潮。

研究至此，我已經相信涅斯未曾在一九五〇年代初期幫我祖父工作，因為他倆根本走在完全不同的路上！然而稍後，我讀到保羅．漢默（Paul Heimel）所寫的涅斯傳：「涅斯迫切需要工作，他致電幾位在克利夫蘭的老友，表示連幫傭之類的低薪工作，他都願意接，只要能養活妻小。」

根據漢默的書，涅斯賣了一陣子電器用品，合約到期後，他接著在市中心一家書店當店員，也曾經賣冷凍漢堡麵糰給餐館。若涅斯曾幫班尼祖父導向正途，難道他在山窮水盡、亟需頭路時，不會打給我那心胸寬大的祖父嗎？若他賣過抽佣性質的電器用品、冷凍漢堡麵糰，他不也可能賣過馬達座嗎？我已發現關於涅斯謎團和祖父的一條主要線索，感覺自己就像白羅（Hercule Poirot，英國推理作家克莉絲蒂筆下神探）、福爾摩斯，以及瑪波小姐（Miss Marple，也是克莉絲蒂虛構的神探）三大名探的三合一！

當我把這項突破性發現，以電郵告知哈雷、帕吉、老爸，卻沒得到所期待的回應。

「涅斯不可能為安佳工作。」老爸率先回信。「我當過安佳**會計助理、會計、財務**

長，從未在公司交易記錄上，看過任何涅斯曾任**業務代表**一事，也未曾看過涅斯在公司出入。」

老爸太想保存涅斯故事原貌，不會接受任何他認為可疑的訊息。

「有沒有可能，涅斯薪資是公司以支付他人的名義給的呢？」我問。哈雷和帕吉也認為有此可能。

「在我接任職務之前，這事確實可能發生。」老爸回信。「但依我在會計導師（亨利．羅斯瓦特〔Henry Rosewater〕，註冊會計師）協助下，為公司設計的『**內部會計制衡系統**』來看，基本上沒有任何貨物可以離開倉庫，卻未留下記錄！」

經過一個月的抽絲剝繭，我沒有發現任何新事證，其實大可放手，但哈雷、帕吉、老爸熱情不減，甚至對此事比以往更專注。有一天，哈雷寄來一份班尼祖父的小弟：湯米去世前幾年寫的自傳，手稿裡湯米叔公提到班尼祖父第一次叫他去載一批糖，然後出售給木林大道的商家，全程要獨立完成。「那天好熱，我大汗淋漓，不過賺了一萬八千美金！」他寫道。「另一次，我和黑人司機艾迪（Eddie）一起去送玉米糖，就在城裡莫瑞丘（Murray Hill），我繞個圈把糖送到車庫，突然前方理髮店槍聲大作。」這故事有個細節很吸引我，湯米叔公宣稱，查札曾祖父用這筆錢買了四輛全新的司圖貝克（Studebaker）汽車，如果查札付得起那麼多輛新車的價款，那麼克拉維茲家族或許比我原先所想的更大尾。

我將這理論發電郵告知帕吉叔叔和老爸，帕吉率先回信。「我沒讀過湯米的書，所以對細節真偽無法置評，不過就個人而言，我對湯米的真誠沒什麼信心，我不相信曾祖父或老爸會答應讓湯米、艾迪去送貨。至於司圖貝克汽車，更是沒聽過。我了解曾祖父，他不是那麼慷慨的人。」

我把帕吉的電郵轉給老爸，結果他竟然回覆：「哇，這是我第一次聽到老弟對湯米叔叔做出那樣的評語，我從來不知道他對叔叔的想法，竟然和我一模一樣。」

送貨的情節，老爸也同意帕吉所言；至於司圖貝克汽車，「我再一次同意老弟的說法，」他說。「我相信查札**從未給任何人買過任何新車**，因為他自己本人就**從來不買新車**。」

這真是個奇蹟啊，帕吉叔叔和老爸對於往事的看法，竟然英雄所見略同。當然，他們沒說「抱歉，帕吉」，或「我愛你，哈利」，或計畫相互拜訪，也沒有互送電郵，這可能是太嚴肅、也太令人生畏之舉，但至少他們說了彼此的名字，也確認彼此的血緣，若非因為涅斯的故事，和我不屈不撓的查證，就不會有這麼充滿兄弟愛的「哇」！

接著，更大的奇蹟發生了！數月後，我媽接到帕吉叔叔數年來的首度來電，這電話事出無因，讓我更加堅信是涅斯的故事所促成。帕吉叔叔和老媽通話超過一個小時，交換關於彼此健康和小孩的最新進展，帕吉還說，他即將從加州搬到丹佛市，以便離孫兒們更近。

帕吉這通電話的主要目的是告訴老媽，他向來喜歡她，也不恨我爸。「他說，他從來不覺得自己有個兄弟，」老媽轉述：「他認為，哈利是天之驕子，這我早就知道了。」

「那妳怎麼回答？」

「我說，最要緊的是手足有共同的背景、共同的血緣，要在有生之年好好見個面。」媽說。

「帕吉怎麼說？」我問道。

「他說會考慮寫信給你爸。」

然後一個月後，帕吉又打電話給媽，希望先讓媽明瞭，他不喜歡把電郵寫得落落長，像老爸習慣的那樣。他相信，媽會把這訊息轉告爸，而老爸至少會節制一下他傳教般的表達方式。

帕吉叔叔寄給老爸一封簡短、友善的生日快樂電郵。我怎麼會知道？因為爸爸回信給帕吉時，傳了份副本給我：「帕吉謝謝你，在我生日這天特別『記得我』！菲莉絲說，你『不喜歡電郵寫得落落長』，所以我這封會『盡可能簡短』。因為我不用『電話』，我的電郵訊息會『比較像電話溝通』那樣。」

從上大學以來，我平均每週一封，至今收到老爸超過千封來信。他的信有個詭異的個人風格：總是充滿引號、插入語、驚嘆號，我愛秀給室友、女友看，他們也很愛嘗試破解這些「老爹密碼」。近四十年來，我和其他收到他信的人一樣，被他這些標點符號給弄糊塗了，如今這些看似莫名其妙的符號，背後意涵終於浮現：因為他聽不見，於是以模仿電話交談生動的方式，來建構他的信件，老爸的風格一點也不冷漠、官僚，而是為了營造親密。

接下來，是這對兄弟在近三十年來，最親密的一次對話：

「哈利，你昨天剛過七十七大壽。」

「『想不到吧』，但我很『開心』能有『機會走到這一步』，帕吉！」

「佛羅里達一定能讓你青春永駐。」

「在佛羅里達，『我們住』的地方和此地『鄉下人』的『生活方式』，確實對於讓人『長壽』，『貢獻很大』。這是個『人民社區』，居民『來自各階層』。我們一碰面，唯一『被問』的問題是：一、你『家鄉在哪』？二、你打『高爾夫球』嗎？」

「今天和菲莉絲講電話，她說啊，以你七十七歲的年紀，身體算是健康的了。」

「和『多數七十七歲以上』的人相比，我真該『知足』了，帕吉！我的『長壽』可以歸因於：

一、『聽著自己的鼓聲前進』，而非試圖成為『某個不是我』的人。

二、『高度自律』，絕對不碰那些『有礙健康』的東西（比如說煙酒，此外也很留意飲食、運動習慣等等）。

三、『控制脾氣』（即使在『最挑釁的狀況』）。

四、『非常努力並長時間地』工作，以達成我為供應菲莉絲及兒子們所『設定』的『個人目標』。」

「請你了解，我從未生你的氣。」

「我未曾『想』說，你在對我『生氣』，帕吉。不管『別人怎麼說』，我都覺得我倆是『童年的犧牲者』，因為我們『核心家庭』以外的親戚太多，什麼都得和大家『分享』。」

「我們真該為一路來的進展感到開心。」

「相信我的話，當我說我為我倆『一路來的進展』感到『非常開心』，特別是我們在各自生活裡，必須『克服』那麼多『身體上的困難』。

既然我不是孤單地『活在過去』，我『誠摯地希望』，這次『重新聯絡』會是我倆的『重新開始』。我永遠是你的『哥哥』……哈利」

當我讀到這些訊息往返，我簡直快哭了。在這封單一信件上，老爸和他弟弟已完成他們和解之旅的九成，涅斯是破冰關鍵，促使我去推動、試探他倆，剩下的就要由這兩兄弟獨立完成了，其間有兩千英里的距離，從科羅拉多州的丹佛市，到佛羅里達州的奧卡拉市（Ocala），其中一人得搭上飛機，另一人得去機場接機，和解並非一小時、一天可以發生，可能需要兩、三天，一起聊聊過往、吃喝談笑，先重建互信。我可以想見，當這些年彼此閃避的重擔從肩頭移除，他倆會感覺多麼輕鬆！

這個終極和好，會發生嗎？我不知道，但至少現在，他們兄地倆會直接互通電郵，而老爸對我和媽媽來說，也變得沒那麼神祕兮兮，就夠讓人開心了。「這麼多年來，你爸爸總是用紅筆給人回信，真是有夠怪！」媽說：「現在真相終於大白，哈利這麼做，因為他當自己是在講電話！」

第九章 我記得祖母

——悼念所愛之人

祖母雪莉去世時，我並未出席她的喪禮。當時，我們還陷在伊莉莎白的哥哥死於車禍的哀傷中，無法想像經歷更多悲傷。

佛恩姑媽住在療養院，沒人知道或在乎她到底在哪療養。帕吉叔叔和老爸形同陌路，祖母人生的最後六個月住在安寧療護之家，受阿茲海默氏症所苦，消瘦不已。我不想以此容貌記得她，也不想被家族問題分神，所以我刻意疏離。

但就因為我從喪禮缺席，我錯失了一件重要的功課：從未跟她道別。

如今，我花一年處理人生未竟的功課，時間即將屆滿，感覺有個超強力磁鐵把我吸引向祖母雪莉。帶著摯愛、感激之心，我想告訴她，她對我委實意義重大。

那個早晨，我把租來的車停在墓園，徒步穿越前門。記憶告訴我，該沿著大路走四分之一英里，但我選擇立刻右轉，讓磁力引路，結果幾秒鐘後，我就站在她的墓前了。

克拉維茲家族的墳，面對一個靠近I-271高速公路的繁忙十字路口，這公路穿越克利夫蘭東部郊區。隔著街，我看到一家BP連鎖加油站，油價竟然飆到驚人的一加侖三．一一美元，還有一家克萊斯勒汽車經銷商正在進行停業清點。說來諷刺，曾靠汽車業發跡的克拉維茲家族，如今竟坐在第一排貴賓席，看著這產業走向凋零。

我轉過身，俯視五個擦得晶亮的花崗石墓碑：

奧斯卡．克拉維茲（1912—1987）

蘿絲．克拉維茲（1916—1981）

貝西．普拉特（1881—1966）

雪莉．克拉維茲（1910—1995）

班尼．克拉維茲（1909—1972）

這麼多的親愛和心痛，都在這一排：兄弟一起建立橡膠與輪胎帝國，然後看著它崩毀；姊妹嫁給這些兄弟，然後在生命末了前數十年，彼此未曾交談；母親在丈夫過世後，把五個孩子中的三個，包括蘿絲（Rose），送進孤兒院。

從這個墳走到那個墳，我心中感到無比哀傷，因著一度存在於這些人之間的愛與責任，因著死後，他們面對的這個標語：「停業大拍賣！全部清空價！」他們曾經歷這麼多苦痛和憂傷——這麼些年在孤兒院，以及輪胎產業的衰敗，雪莉、蘿絲至死方休的嫌隙——為什麼他們選擇以如此靠近彼此的方式共度永生？這問題真蠢，因為他們是一家人啊！

圍繞著祖父母的，是他們的至親。但和他們葬在同樣這區的，還有生前好友：薛溫（Sherwin）家、拉特訥（Ratner）家、賈柏（Garber）家、柯恩（Cohen）家、克萊門（Kleinman）家、阿德曼（Adelman）家，這些人都曾和克拉維茲家族一起工作、度假、禱告，分享彼此的快樂和悲傷。

如果在每個人的墓碑上，黏一張他的照片，然後從離地一百英尺的距離俯瞰，祖母的臉書應該就長那樣——如果她有臉書的話。想像她死後還和婆婆媽媽們七嘴八舌地臧否閒事，還真讓我感到欣慰。

終其一生，雪莉祖母和她那幫婆婆媽都住在同一社區，這點讓我很是羨慕。日復一日，這人的生活在那人的口中不停地被傳講，他們或許是最後一個有資格這麼誇口的世代：「我們的關係淵源已久，我們最深層的人際關係，從搖籃一路維持到墓園。」

我一度擔心，與伊莉莎白建立家庭時，會因祖母的巨大爭議而無法正確行事；這也可能是我在喪禮缺席的主因。但十二年後，我失去工作，卻成功變身為更好的丈夫、父親、兒子，部分得歸功於我完成了與克拉維茲家族之間的未竟功課。因此，我開始尋找「與悲傷同行的女兒」：我的佛恩姑媽，也利用祖母跟我講的艾略特．涅斯故事，成功幫爸爸、帕吉叔叔破冰。

在這些大大小小的旅程中，雪莉祖母扮演如此重要的角色，我一定得更多地了解她。她生在一個極其艱困的環境：父親過世後，母親發瘋，她從學校輟學，到麵包店打工維持家計。才十二歲，一天得工作十五小時，才能把手足弄出孤兒院，若她是現在接受教育、也活在現代，可能已經成為某大企業總裁。她就是這麼能幹、傑出、口若懸河。不過，她愛碎碎念的常態性自戀：老把功勞往自己身上攬，自視為所有人生命故事裡的貴人兼救主，這讓她的孩子及生活圈裡的人感覺孤單、被棄。

她和某些極度不受歡迎的人一樣，會引發強烈評價：有些人很愛她，有些人則恨她恨得牙癢癢。

然而，我愛她。

當醫生敦促祖母把佛恩姑媽禁閉起來，我愛她負起責任的擔當。我愛她那些猶太主義濃厚的故事，末了總是用猶太正義、全知的神，來總結每個故事。

我愛祖母讓我那有點瘋癲的老爸，情緒有出口；在我大學畢業時，她是那樣地驕傲欣喜；她還教我用樟腦丸保存衣物。我愛她說「我的達令，我的班尼」的語氣，她總是那樣稱呼祖父。除了她，沒人能把祖父的傳奇說得那麼精彩無比：祖父怎麼創業，以及祖父靠著打從心底真誠發聲，為以色列募得幾百萬美元。她這輩子從沒對別的男人有興趣，「我和我的班尼，有**超－級－精－彩**的一生！」她說。「是真的！我還是年輕小姐時就遇見他。神是美好的，差遣他來到我眼前。」

祖母也很固執、愛跟人鬥氣，結果在她過世前，她有一長串的未竟功課，光在我名單上就有兩項名列前茅。最後，我可以站在她墓前，報告一些她會有興趣的家族消息：

「佛恩姑媽獲得很好的照顧，她又彈起鋼琴來了。帕吉叔叔和我老爸健康不錯，也保持聯繫。還有一些消息，妳聽了會很開心：我和伊莉莎白把長子取名『班傑明』，紀念班尼祖父，三個孩子遵循在週五夜晚，有蠟燭、辮子麵包、酒的相伴，做安息禱告。我們從商店買來的烤雞，一點也不能跟妳親手烤的比。在逾越節，我們只吃自己做的麵丸子雞湯。就生活複雜度而言，我們已經竭盡所能，在把妳和祖父重視的傳統給延續下去。」

能跟祖母報告這些家族消息，感覺真好！不過若她還在世、能親耳聽到，感覺更好！我們迫切希望所愛之人長命百歲，總以為今晚、明天、後天，都看得到他們，然而，之後某一天，恐怖的事發生了。我高中時期女友和伊莉莎白的哥哥，都死於車禍，安德烈的女兒在伊拉克暴亂中慘遭殺害，我還有朋友因癌症、其他疾病，英年早逝。

馬可福音十三章三十三節說：「你們要謹慎，儆醒祈禱，因為你們不曉得那日期幾時到來。」

我們隨時可能與所愛分離，若能牢記此事，我們「未竟的人生功課」名單會簡短許多，也會很快彼此原諒，變得更仁慈；我們會立刻馬上頌揚對方，而不是等到喪禮的場合。

站在祖母墳前，我想起高齡七十好幾的爸媽。在我所愛的人裡，就統計數字而言，他們是離人生終站最近的。他們知道自己對我的意義，或萬一他們走了，我最懷念他們什麼嗎？

三歲時，老爸要我在鏡子前，練習投手甩臂投球的動作，每天要練足十五分鐘。我五歲時，他往空中丟球，直到球不偏不倚砸中我的頭，我當場放聲大哭，他卻說：「現在你知道，沒什麼好怕的吧！」上高中時，他叫我「穿越痛苦，勇往直前」，即使我鼻梁斷裂、手臂痠痛。我想讓他感到驕傲，卻也恨他帶給我這麼多痛苦。而我討厭老媽，那麼盡其所能地保護我免於痛苦；我也討厭她的過度擔心，因為我想：她越擔心，只會促發更多倒楣事件，讓我更脆弱。

成長過程，我總以為爸媽不了解我對旅遊、寫作、發現自我的需要和渴望。我總感覺自己在他們眼裡，是個大失敗者。我應該去當醫生的！

當然，我錯了。或許我可以成為醫生、律師、銀行總裁，他們還是一樣深愛著我，一樣會在我有需要時即刻現身。若他們的壽命只到明天，會知道我的生命如何因他們而豐盛嗎？站在祖母墳前，過去一年的經歷讓我深切覺悟，向來吝於對爸媽獻上的感激，如今該是表示的時候了。

我希望讓老爸知道，雖然我極度抗拒他的嚴格調教，但最終還是明瞭其中深意：這是他父愛的顯現。我也希望讓老媽知道，真開心有這樣無微不至的慈母。

我希望他倆知道，有張照片是我非常寶貝的珍藏，是他們在海邊嬉戲時所拍。那時，他倆大概十九歲吧，已經快要結婚，媽媽的笑容有如電影明星般，無懈可擊；而爸爸扶著她的樣子，看起來就是被媽給融化了。這對年輕情侶，男的帥、女的俏，快樂地沈浸在愛河裡，這就是他倆孕育出我之前幾個月的模樣。有些人窮極一生，在找尋爸媽愛他們的證據，而我爸媽的這份愛，已經在這張老照片及他們愛我孩子的樣子裡，表露無遺。看著老爸和雙胞胎玩捉迷藏，聽老媽描述諾亞的微笑，他們的喜悅也讓我開心。我最懷念爸媽的什麼？應該就是在他們眼裡，經歷到自己下一代的存在吧！

第十章　圈圈變大了

——信守承諾

你曾經做出承諾，卻食言了嗎？這些年來，我食言而肥的次數，大概累積有好幾百次。但在處理「未竟的人生功課」過程中，最令我椎心的，是我在一九九四年對肯亞難民營一名男孩做的承諾。

那時的非洲下撒哈拉（sub-Saharan Africa，指撒哈拉沙漠以南的非洲）地區動盪不安。四十八個國家裡，有三分之一捲入戰火，盧安達、蒲隆地兩國總統才剛死於空難。而在同一個月，聯合國「世界糧食計畫署」（UN World Food Program）在此地區救濟了二十七萬名難民，以及五十五萬乾旱災民。

出發前，我已經先打過白喉、傷寒、黃熱病、破傷風、小兒麻痺預防針，還帶了十天份的瘧疾用藥。從倫敦飛往肯亞首都奈洛比途中，我先讀了肯亞旅遊指南，自學一些基本的史瓦希里語：像「阿三提」是「謝謝」的意思，「山加皮」是「現在幾點」，「哈昆那馬塔塔」是「沒問題」。

我到肯亞參加一場國際性社會科學會議，那時我正參與編輯一些用於課堂的時事雜誌，這會議讓我有機會了解，非洲從後殖民時期獨裁政權過渡到多黨政治，所面臨的挑戰。我們會聽到政界領袖、學者的說法，但我也希望親眼見證非洲的掙扎，於是我選定一天早晨前往國會，觀摩開議中的肯亞國會，一天中午尾隨某個與奈洛比街童共事的團體。另外，我還希望走訪難民營。

聯合國難民署（United Nations High Commissioner for Refugee, UNHCR）在奈洛比的媒體辦公室主管說，我實在運氣好：國際會議結束當天一早，聯合國難民署有一架補給飛機，要飛往卡庫瑪（Kakuma）難民營。此地位於肯亞西北部，鄰近烏干達、蘇丹東南邊境，我可以順道一起去，當天往返，如此已有足夠時間探訪難民營，與救助人員及難民們聊一聊。

這架補給飛機的駕駛，曾在英國皇家空軍出任機長，他邀請我到駕駛艙，坐在他身旁。一路往北飛行，他指給我看東邊高達一萬七千英尺的肯亞山，以及東非大地塹（Great Rift Valley），不毛沙漠和肥沃良田補綴其間。當特卡納湖（Lake Turkana）映入眼簾，這位駕駛大哥將飛行高度降至一百英尺左右，欣賞一大群紅鶴在飛機陰影底下戲水。牠們受到飛機螺旋槳聲驚嚇，一群接一群地飛起，擦撞到機身，駕駛大哥得奮力將飛機穩住。稍後他承認，我們真的差點墜機了！

最後，我們降落在卡庫瑪小鎮附近一條跑道上，照史瓦希里語，「卡庫瑪」是「無處」（nowhere）的意思，平均日溫為攝氏四十度，整個區域常受沙塵暴侵襲，嚴重到伸手不見五指的低能見度地步。我們搭吉普車到營地，駕駛指出，這條路最近才因沙塵暴封閉，導致補給無法進到營地。「請小心蜘蛛、蠍子、蛇，牠們都有毒。」這位好心駕駛說。一大片紊亂延伸的小屋在眼前展開，我們來到難民營，它像監獄一樣，以帶著尖銳金屬刺條的鐵絲，將營地和沙漠隔開。

難民營是在十八個月前搭建，收容近三萬七千名難民，其中多數是兒童、青少年。我們先通過安檢，救助人員正在分發一袋袋豆子、米、高粱，給一長排難民婦女。從其他組織來的工作人員：像國際關懷組織（CARE）、國際救援委員會（International Rescue Committee）、聯合國兒童基金會（UNICEF）等，在營地間穿梭。我從口音得知，這些滿懷理想的年輕人來自各個國家：加拿大、美國、法國、澳洲、希臘，即使置身烤爐般的高溫下，他們依舊活力十足，饒富幽默感。我曾走訪其他難民營，深知救助人員的情緒可以低盪到什麼地步。請他們喝杯啤酒，他們會告訴你，卡庫瑪的糧食、醫藥多麼短缺，他們會懷疑手邊工作的價值，他們會祈求世界，對這些孩童多投注一些心力。

穿越難民營中心，是一條沙塵四起的大路。沿著它有個臨時市場，由數個小木屋湊合起來：一些小木屋賣咖啡、茶、文具，但多數只提供地方納涼，讓你坐下來歇歇腳、聽聽收音機，外牆色彩鮮豔的手繪看板，幫這些商家打廣告：賴比瑞亞餐館、雙峰酒店、收錄音機修理。日頭赤焰焰，一群青少年頂著大太陽踢足球，另外一群年紀較小的，則在一邊充當啦啦隊。

一名救助人員陪我到鄰近營地，此處難民多來自索馬利亞。就在這裡，我遇見一個男孩，他的臉孔我一輩子都不會忘記。他並不俊美，因為生長村莊被毀、父母和親戚都死了，他一路徒步、搭便車來到卡庫瑪，面容變得堅毅。只要他一笑或問個簡單問題，陽光氣質即刻迸發。

他的年紀不好猜，光線一變，他看起來可以從十三歲、十六歲，老成到像二十一歲那樣；穿著件鮮黃色T恤，上頭印著「非洲1992」字樣，大概是指某個運動賽事吧！他戳戳我，叫我跟他講講美式足球和他最愛的運動：足球，有何不同。我們走向他和三個死黨一起住的小屋，這屋子的屋頂鋪著茅草，地板則是一般的沙土，他拿出一張紙板讓我就著坐下，然後去煮茶。我趁機看看四周：牆上貼滿從英國雜誌剪下來的文章、廣告，都是些漂亮美眉、足球明星之類。他們的夢想和現下的生活，實在是再強烈不過的對比，真令人感傷。

這年輕人帶我去看卡庫瑪剛開幕的圖書館，他每天都會來這裡讀書、加強英文。看到書架上只有寥寥幾本書，實在令我吃驚；其中多數是一九四〇、五〇年代出版的教科書，那時肯亞還在英國統治下，讀者如何從中吸收最新、最有用的資訊？我實在很懷疑。

這男孩自我教育的旺盛求知慾，和身邊資源的匱乏，形成強烈對比，再一次重擊我心。他和這世界百萬名年輕人一樣，都在找尋更好的生活。我可以預見他在學校名列前茅、出社會力爭上游的樣子。儘管生活條件奇差無比，他還是對夥伴們慷慨大方，並以自己的社區為傲，如果他生長在美國郊區，他可能當選市議員、家長會委員，或參選出任公職。他有這機會嗎？我可以幫點什麼忙嗎？

「這間圖書館很棒啊！」我說。「不過呢，它的藏書可以更多些。我回紐約後，會寄一些運動、科學、名人的相關書籍來給你。我打算捐百科全書、字典、小說、雜誌給圖書館，這樣你就可以加強英文啦！」

我期待他會微笑道謝，但全然相反，他聳聳肩，看起來像是為我的提議感到困窘。

「嗯，大家都嘛這樣講。」他不好意思地承認。

「但我是說真的。」我回答。「我要把這間圖書館填滿！」

如今回想起來，當初我真的信誓旦旦。我任職於一家大出版公司，負責的雜誌，讀者包括數百萬名學生。我曾運用手頭資源促成合作，讓「有線—衛星公共事務網」（C-Span，Cable-Satellite Public Affairs Network，美國有限電視業共同成立的非營利媒體，以探討政府及公共議題為主）轉播學生會議；辦成一場有知名歌手傑克森．布朗（Jackson Browne）參與的作詞比賽，和美國國家廣播公司（NBC）合製時事影帶，還讓美國學童透過電腦，在極地探險家威爾．史提格（Will Steger）駕著狗拉雪橇橫渡北極時，兩造雙方上網聊聊。

我已經有這麼多豐功偉業，要把卡庫瑪的圖書館填滿，對我來說並非難事。我連怎麼執行都想好了：我想請求我任職的出版公司樂捐一千本書，然後呢，某家善心航空公司會把書載到奈洛比，由聯合國難民署接手，把書送抵卡庫瑪。至於宣傳呢，我想把難民營主事者為一大群小難民讀童書的畫面拍下來，另外還要有一張照片，讓夢想成為醫生的青年抱著一本生物學書籍拍照，接著我要寫一篇關於「卡庫瑪贈書樂」的文章，發表於我們旗下雜誌，讓每個參與此事者，感到與有榮焉。

我一回到紐約，打過幾通電話，就發現統籌捐書這件事，比我原先所想的，難度高很多：我必須向五個組織的決策高層呈報此一計畫，介入協調美國、肯亞的幾個行政體系。若我能好幾星期心無旁騖，認真處理此案，就可能大功告成；然而，我沒有那麼多時間。最後，和那些做過承諾卻無法履行的訪客一樣，我對卡庫瑪的年輕人失信，也讓他們失望了。

往後十三年，這男孩的事從未浮上我心頭。身為雜誌編輯，我有機會參與許多有意義的活動，於是，我對他的承諾，就此淹沒在其他寓意良善、卻可能不了了之的計畫裡。然後，二〇〇七年，華府涼爽的春天早晨，男孩事件突然刺痛我的良知。當時，我正對來自全美各地已在從事新聞工作的一百名高中生，以「透過新聞，推動改變」為題，發表演說，一名來自明尼蘇達州的女孩舉手發問，在我的職業生涯裡，有沒有我想報導、卻未能如願的事件？

當下我毫不遲疑地回答：「報導是沒有，但我曾經向一個難民營的男孩做出承諾，卻失信於他。」由於我的演說在「有線—衛星公共事務網」播出，事後看影帶，我察覺當下我明顯被自己的答案給震驚到。其實，我已經多年未曾想起那男孩，然而現在，當著一百名年輕學子以及有線電視廣大收視群的面，我承認感覺很糟，因為沒能給這孩子的人生帶來應有的改變。那衝擊就像，男孩代表全世界被排擠的脆弱孩童，來到我面前，傳遞這訊息：「別忘了我們啊！」

即使每天過著日子，未曾知覺，你的未竟功課還是靜靜沈在靈魂深處。然後某天，它會趁你不備，突然浮顯。

草擬「未竟的功課」名單時，我曾對難民營男孩做過的承諾，名列前茅。當年，我確實打算把卡庫瑪圖書館搞得汗牛充棟，但經過這些年，我的想法已經改變。事情變得複雜：我不再負責雜誌業務，我與聯合國難民署聯繫的窗口也搬往他處。身為一介平民，要讓出版公司、航空公司決策高層接我電話，簡直難如登天。況且，我也不確定卡庫瑪圖書館現在還缺書嗎？

如今回想起來，我對難民營男孩的承諾，部分是受我想「做大事」的渴望所驅動。當時我正從事某種改革，總是把心願做很大，若驅力輕一些，或許我的承諾也會小一點、並且比較容易達成。我花很長一段時間才明瞭，「規模」大有關係。行善之年即將屆滿，但我尚未對卡庫瑪的難民小孩行一滴一點善事。然而此刻，我想的是規模迷你的「小善」，這讓我開始動力十足。未來幾週，我需要從「放空一年」轉型，繼續往我的「運轉人生」邁進，關於「規模」的想法，亦即凡事量力而為、依重要性有所先後，將是關鍵。

妻子伊莉莎白和我為了栽培孩子成為守法公民，創造出兩種儀式，孩子們都滿喜歡的。大選日（Election Day）當天，孩子會陪我們到投票所，幫忙選出我們屬意的候選人，並由他們拉動投票桿。另一項公民權儀式，在感恩節隔天執行。吃完早餐，我們先把餐桌清乾淨，然後把慈善機構、基金會寄來的募款信件分類，大概總共有五十幾封。伊莉莎白把裝有一百美元的信封，逐一分給孩子，可以想見他們多麼快速打開，看到裡頭裝著一疊二十元、十元、五元紙鈔，暴發戶的心情讓他們興奮極了，但這也是他們晉身慈善家的時刻，他們得指認自己支持的機構和原因，解釋給我和伊莉莎白聽。

今年，當伊莉莎白問他們支持什麼，三個孩子有志一同，選了「阿茲海默氏症」。兩個月前，他們的外婆喬依絲在和此病抗戰多年後，終於過世。生前她已經不記得孫兒的名字，但孩子們還是照常到安寧療護之家探訪她，一週至少兩次。卡洛琳曾詢問護士，我們可不可以把家犬皮皮帶去慰問病患。「外婆所在的阿茲海默氏症那層樓，病患看起來都好悲傷喔！」卡洛琳觀察。班想把錢捐給阿茲海默氏症協會，則另有原因。「這個病還有很多謎團，」他說。「關於它的任何研究，都很重要。」

諾亞和卡洛琳還另有感動，他們想幫助遊民。最近，遊蕩街頭和地鐵的遊民，人數明顯暴增，某天諾亞才把便當盒裡的貝果送給在街角乞討的遊民，卡洛琳則和她學校附近一名穿藍色工人服的街道清潔人員交上朋友。「他本來是遊民，」卡洛琳說，「可是現在，他的工資是一小時七．四美元，任務是維持街道清潔。他人很好，老是說自己『準備妥當，服務熱忱，勤奮能幹』（Ready, Willing, Able）。」這是多爾基金會（Doe Fund，成立於紐約，專幫出獄受刑人和遊民尋找工作和住處的慈善機構）的格言，讓這位遊民有工作的，也正是這機構。「我要捐二十美元給多爾基金會。」卡洛琳說。

「還有其他嗎？」伊莉莎白問道。

班說是癌症研究，因為他的棒球隊教練約翰，被診斷出罹患結腸癌第四期，正在接受化療。另外，他還關切殘障退伍軍人。「好多軍人從伊拉克、阿富汗負傷回國。」他解釋。「而且，我們該這麼做，好榮耀泰德外公。」班說的是伊莉莎白的老爸，他在「凸出部之役」（the Battle of the Bulge，二戰期間〔一九四四至一九四五年〕發生在德國的一場德美戰役）失去一隻手臂。泰德早在孫兒出生前就過世，但兒孫輩都很以他為榮。

諾亞有很不一樣的想法：「我們應該捐錢給樹木，若沒有樹木，我們也不會有家具、紙張、氧氣，我們都活不了啦！」他還想捐錢給動物團體，「這是受麥可影響。」他解釋。我們在幾個月前領養小狗麥可時，牠再過幾天就要被安樂死了，想到麥可可能被處死，我們都受不了。

孩子們討論這些慈善點子，讓我想到不同的啟發如何將他們推向同一種關照。班和卡洛琳想資助的團體之一，必須關照「內城（inner-city）生存機會貧瘠的小孩」，套用班的話說。啟發他的，是電影《珍愛人生》（*Precious*）的片段，一名受虐女孩在十六歲之前，從來沒被鼓勵讀書識字、表達自我。卡洛琳的啟發，則是她在學校輔導的一名六年級男生，「他要慢慢來，而且是超級慢。」卡洛琳解釋，「所以，我們大聲朗誦給彼此聽，很好玩！但這讓我感覺自己像個大人。」那個禮拜，男孩生平首次向卡洛琳道謝，「這對他而言，是件大事！」她說。「他真的很聰明，也很想在學校表現得更上層樓，但同儕不希望他做自己，反而要他表現出什麼都不在乎的樣子。」

聽孩子們交換意見——諾亞談論狗狗麥可，卡洛琳說她在學校輔導的男孩，以及掃街清潔工——讓我對自己想怎麼過生活，產生全新的觀點。之前我行善，傾向整合一個又一個龐大、複雜的計畫，這樣是很好，但計畫若龐大到無法被落實、耗神到剝奪我和孩子相處的時間，或「重要」到使我無法專心從每天的行程，看出蘊含其中的數百個「小小行善」機會，那就不妙了。只需幫老奶奶開個門，或誠懇地看進陌生人眼睛，或微調自己去做一些，如詩人華茲華斯所說：「微小、無名、不被記憶的善行與愛舉」，只需做到任何一件，我都可以變成更好的人，也讓世界變得更好。我還可以做更多，但只要隨著現下生活節奏做對的事，就足夠成就很多事了。

年度奉獻儀式一結束，我就把自己失信於難民營男孩一事，告訴孩子們。他們為這名男孩感到難過，也為所有在戰爭中痛失父母、流離失所的非洲孩童，感到悲傷。班說，他要捐四十美元給「無國界醫生組織」（Doctors Without Borders）以及「美慈組織」（the Mercy Corps），這兩個他愛的團體對非洲難民營都有貢獻。諾亞也決定捐錢，幫助難民，倒是卡洛琳靈機一動，幫我解決良心的不安。她提議，我們去書店買些卡庫瑪圖書館應該還沒收藏到的童書，「就買一箱，然後寄給他們。」卡洛琳這麼說。她志願擔下裝箱、給包裹裝飾的工作，還要寫張卡片給圖書館員，並建議附上那位男孩的照片。「說不定他還住在難民營，」她說。「說不定圖書館員認識他，或知道他是誰。我會請圖書館員製作藏書票，上頭就寫：此書以這位男孩的名義捐贈。」這主意真棒！而且不到一天就能達成。

後記 向前行

——終生難忘的旅程

加拿大雁回到湖畔了！白晝溫暖、夜晚刺骨，牠們照常在水面覓食，搜尋小魚、海草，空中不時傳來粗嘎的雁鳴聲。很快地，牠們又要以優雅的V字型隊伍飛離，目標鎖定南方。

一年前，我也很渴望和牠們一道飛走，逃離早已索然無味的工作和生活。如今，我卻完全不這樣想。我給自己倒杯葡萄酒，坐到火爐邊。這酒的顏色是紅寶石般的紅，用葡萄葉、櫻桃、梅子去發酵，搭配布里乳酪（Brie）、煙燻克拉瑪河鮭魚，以及巧克力口味夏威夷豆。酒和鮭魚是奧森修斯主教和修士們送的，夏威夷豆則是安德烈和他妻子薇琪所贈。我正坐在火爐前，享受好友的饋贈，這象徵我的一大改變。一年前，我還在瞎忙，根本無心享受如此片刻。先是被工作、接著被沒工作，消耗殆盡，原本的我是不太可能細數或以這些祝福為樂。

火爐的溫暖，讓我心裡的感恩之情油然生起：為這一天，為我的家人，也為一年前我選擇完成人生的未竟之業。

剛開始，我對未來景況一無所知。造成事情「未竟」的原因，可能混亂又複雜，也可能牽涉到我們心底的恐懼。我一直很怕失敗、讓別人失望，或做錯事以致出糗。我更害怕自己是個失敗的父親、不孝的兒子，這些恐懼壓得我很愁苦，因此從工作、關係中退縮。這些事讓我變成強迫性工作狂，把工作擺在一切之上。

我「未竟的人生功課」，剛開始是定義成圈圈的圓滿、關係的修補，把我早就該做的事完成，並和老朋友重新連結。賈維斯神父則用較嚴肅的措詞指引我：「我們都是死囚，終究有個死期。」他說。「這個事實，應該喚醒我們每個人內心的急迫感。」一旦你明瞭生命無常，你會有股衝動，想現在就把人生重要之事付諸實行，讓「未竟的人生功課」越少越好。

我的心理學家好友阿卡莫，給我另一種觀點：「未竟的人生功課，非關靜止安息。」他說。「而是關於向前行，關於把我們作為人類的潛能，做最大效能地發揮。」根據阿卡莫的說法，我們每天都有足夠使用的固定能量，讓我們把事情做完；若有事情懸而未決，我們等於刪除了那能量。一早醒來，你有十公斤心理能量，可是孩子們在早餐桌上把你惹毛了，於是你走出家門前，沒先跟他們吻別，你這天的能量突然下降到九公斤。妻子好心提醒你，要約時間去做健檢，但你完全知道醫生會怎麼說：該減重十五磅啦！他一年前就這麼說過，於是你冒著挨妻子罵的風險，很鴕鳥地拖延約診，能量再扣掉兩公斤，以此類推……直到你當天的能量掉到只剩五公斤，於是剩下的相同工作量，你卻得花上雙倍力氣才能做完。

讓未竟的功課不斷累積，其實很不妙：你會變得疲憊易怒。逐步減少未竟功課的件數，截然不同的情緒就會產生。當我找到姑媽佛恩的下落、撫慰安德烈的喪女之痛、把久欠未還的六百美元支票寄給約翰、悼念我的祖母，我感覺能量湧現，注意力因此較為集中，辦事效率也較佳。我變成一個較能給予的人，也享受更多樂趣。

甚至，我感覺更為完整。佛恩姑媽喚醒我性格裡同理心的那一面，約翰挑起我對冒險的渴望，奧森修斯主教則激發我「往內看」的能力，我可以看見自己的許多面向，看見它們的本然。它們不再像以前一樣，爭奪我的注意力，而是彼此更加和諧。但剛開始時，我並不知道最終會獲致如此完全、整體的感覺。

我分別以十趟旅程，來完成十項未竟的人生功課。但每趟旅程，我都走進岔路或繞路，反而因此有意外的收穫。

我試圖解開涅斯和祖父故事的謎團時，曾花了一整個下午，拍攝祖父創辦的安佳橡膠舊址。這建物佔地有一個街區那麼長，如今已經廢棄，看著破損不堪的窗框、老鼠快速逃竄躲藏，我益發感覺清醒。透過相機鏡頭，我想像祖父從工廠這頭走到那頭，「品嘗」新製造出來的地板墊子味。我會永遠珍惜這畫面。

我曾經到一家文具行，幫佛恩姑媽買禮物。一轉身，我瞥見小學時期暗戀的女生蘿瑞爾（Laurel），就站在收銀機後方，原本想過去打聲招呼，但還是沒有勇氣。下次再到店裡，我把十二歲時為她寫的詩送給她。四十多年後，這讓她開心不已。

同樣是那趟旅行，我還去探訪喬伊絲的母親安妮塔（Anita）。原本我一直和安妮塔保持距離，因為我不想惹她傷心，然而當她看到我，卻欣喜異常。我們花了兩小時談論喬伊絲的過往，懷念她對攝影的熱愛，她喜歡拍馬戲團和小孩，總是為新挑戰感到興奮，後來她成為新聞網第一位女攝影師。安妮塔年近九十，越多談論女兒，她的神色越發年輕，而我也是！和安妮塔擁別，可能是最後一次，心境的快樂和我初次擁抱佛恩姑媽時一樣。有時候，你就是不知道怎麼讓它結束，直到發生的時刻來臨。

愛因斯坦曾經說過：「人類，是整體的一部分，這整體我們稱為『宇宙』，人是受時間、空間所侷限。」我們經驗自己的思想、感情，感覺它們「和其他一切有所區隔」，這種以自我為中心的看待世界方式，愛因斯坦稱之為「一種視覺錯覺」（optical delusion）。

一次又一次，我更加認清「視覺錯覺」如何幫自己創造「未竟的人生功課」。我一廂情願地認為安妮塔深陷悲傷、約翰還在生氣、安德烈不會記得我，於是我一直把採訪時間往後延。然而，當我開始和他們接觸，反向才是正向：安妮塔再次看到我，開心得不得了，約翰徹底忘了我欠他六百美元這件事，安德烈不僅記得我，還記得我的快速直球。由於我一直透過單一種鏡片——我自己的，來看他們的思想、情感，造成我一直迴避和他們接近。愛因斯坦說，我們的「視覺錯覺」就像「一座監獄……我們的任務，是藉由擴大憐憫圈，以所有生物及自然界原本就美麗的方式，擁抱它們，好讓自己出獄」。一旦我們開始信守承諾，我們開始埋葬忿恨，把體貼、慈愛真正當一回事，真正傾聽別人在說些什麼，我們的圈子便會因此擴大，足以擁抱更多人。或許我擁抱不了整個自然界，但我發現自己進入更豐富之境，也就是人與人間的真正連結。

過去一年來，我可以照自己的時間表生活、思考。我不必進辦公室工作，不必管理人事，未竟的人生功課需要我往哪去，我就往哪去。我需要寫作，伊莉莎白就鼓勵我隻身待在鄉下，我可以連續數天和我的想法搏鬥，然後一有突破，就走到溫暖爐火邊，放個輕鬆。

如此精彩的一年，宣告結束，我即將重回原本的生活和壓力。面對求職、謀生的挑戰，我如何盡量減輕負荷、也不累積未竟的功課？和佛恩姑媽、安德烈、老爸所重新建立的關係，我希望繼續保持下去，同時加深其他關係及牽連，但要如何辦到？尤其這世界賞賜給一個丈夫、父親、兼公民的時間，是這麼地少！

我需要騰出時間。若是像修理信箱、打電話給父母之類的小事，我應該「即知即行」，如伊莉莎白所說。我不會再讓小事累積成巨大、難以處理的負擔。若是大事，我得記得不斷提醒自己：承諾、善意都得做小一點，才有可能合理達成。曾經是工作狂，一輩子都會是工作狂，但我發誓放慢腳步，在深陷其中之前，先拒絕掉那些單調、令人生厭的工作，並且訂出時間，規律地靜默、反省，讓自己好好安撫恐懼，數算恩典。

昨天，就是個恩典之日。卡洛琳生平第一個的研究報告，是她七年級人文科學課要用，需要我幫忙。她的題目是：約翰．史密斯（John Smith，最早載運英國移民前往詹姆斯鎮的船長，詹姆斯鎮也是英國在北美的最早殖民地）及他對詹姆斯鎮（Jamestown）的領導。她被分配要讀三本大學用書裡的幾章，但很不幸，她讀不太懂。動手寫報告之前，她必須先弄清楚那些讓社區成功的因素：像堅強、一致的領導風格、居民共享的目標，以及把對的人分派到對的位置。史密斯領導此鎮前，它一直都一團糟，史密斯一離開，它又接著糟下去。為什麼史密斯有本事將詹姆斯鎮翻轉過來？是什麼因素讓他成功？這些概念對卡洛琳來講太難了，我猜，和她同年齡的小孩也半斤八兩。我的本能是即刻搶進災難現場，把寶貝女兒從她的苦惱裡拯救出來，突然，我想起賈維斯神父所說：愛，需要努力。它無法一蹴可幾，需要耗費很多時間，而採取行動之前，你要先把自己放進對方立場。

接下來三小時，我權充女兒的共鳴板。她需要那麼長的時間來弄懂這些素材，然後依據她所學、所消化，寫成一篇報告。她不斷提醒我：「別塞字給我，老爸，我只需要你的回饋。」她希望通篇報告都是自己的措詞，也的確是！我真是以她為榮。我想，她很感激我奉獻給她的時間和支持。我們對彼此的互信，達到一種新的層次。

之後，我去常吃午餐的那條街底喝咖啡。咖啡店老闆名叫唐恩，店內只用附近農夫自種自產的食材，我所吃的熱狗、布里歐麵包、沙拉、酸菜，都在離我們家不到一英里之處飼養、種植、磨碾而成。唐恩對這家店有著更大的計畫，他給我看他設計的傳單，目的是宣揚他活絡地方經濟的理想，不過實在寫得太落落長了，於是我志願幫他修改、編輯。一年前，我是不可能有這種善心的；如果我有，那麼我「未竟的人生功課」會很少，少到我根本不會大費周章來清理它。現今，以及未來的人生，類似幫忙唐恩的計畫，以及更多「微小、無名、不被記憶的善行與愛舉」，將會享有更多優先權。幫小孩完成功課，幫街坊達成他的夢想，就是極其重要的行動。

昨天，我和卡洛琳、唐恩的相處，具備美好的「我—你」（I-Thou）特質。我沒有把他們簡單看成女兒卡洛琳、街坊唐恩，或學生卡洛琳、咖啡店老闆唐恩。我所經驗到的他們，是帶著恐懼和雄心、認真和幽默、行動力和個人特質的個體，也就是這些特性，讓他們生動有趣、容易親近、又獨特異常。我充分察覺他們聲音所製造的印象，以及他們的五官如何反應白天光線的變化。我對他們充滿覺知，他們似乎也對我充滿覺知。

有些其他的事正在發生，和我看自己的方式有關。通常，我用單數的角色看自己：像是丈夫、父親、編輯、兒子。然而昨天，我用「你」（Thou）的角度來看待自己，如同一個人可以用他最真實、最完整的人性，與另一個人相遇。若你曾以這種方式經歷自己，你就再也很難變成工作狂，完全只被工作定義。視自己為「你」，而非「它」（It），你就能騰出時間，把能量不斷用來做對的事，如此你未竟的功課就會變得很少。

我們每個人都有自己「未竟的人生功課」，他可能是某個失聯已久的死黨，某個從未接受過你認真道謝的恩師；可能是一通該打卻一直未打的電話，或未曾守住的承諾，也可能是已經被我們忘卻的目標，或暫時被延宕的靈性追求。經常，生活掌控一切，把所有可能豐富、擴大、甚至讓我們完全的經驗，統統掃到「應做事項」（to-do list）排序的最底部。

處理未竟的人生功課，我們面臨的障礙可能很多。但為清理它們所跨出的第一步，通常很簡單：寫一封電郵、打一通電話，你永遠不會知道，已經背負了那麼久的重擔，何時會悄然落下，而你從此變成一個更完整、充滿愛的人。

致謝

大衛・布萊克，是本書的能幹經紀人、兼頭號啦啦隊長。唐娜・傑克森惠賜許多睿智的建議，讓每一章變得更完整，也強化我對本書的整體構思。安東・慕勒利用他聰穎、敏銳的編輯功力，帶出本書內在節奏。我由衷感謝上述三位，他們迫使我去探索自身最難以面對的情感，幫助我發展出從內心發聲的敘事方式。我還要感謝喬治・吉布森，薩賓娜・法柏，彼德・米勒，凱瑞・梅爾，克里堤娜・哲崔，瑞秋・曼漢默，以上均屬布魯斯伯里出版社（Bloomsbury）；以及大衛・布萊克版權代理（David Black Literary Agency）的安東尼拉・伊納瑞諾，喬伊・土提拉，和大衛・拉勞貝爾。

在我最需要鼓勵時，以下這幾位適時給予，我對他們的洞察力及情感支持，獻上感恩。他們是：派翠西亞・阿諾，大衛・巴格，法蘭西絲・柯恩，芭芭拉里・戴蒙斯坦—史皮爾瓦格，凱特・艾德格，瑪麗亞・艾陶，瑟瑞娜・福克斯，布魯斯・法蘭克，鈦瑞和羅賓・吉伯特，凱斯・賀福納，艾咪・賀茲，米蘭妮・希金斯，比爾・胡格特，潔美・凱普蘭，寇克・昆茲，約翰・雷貝薩克，米雪爾・基德・李，麥可・雷斯，吉米・涅文，麗茲・波爾，史蒂芬・普瑞斯曼，溫蒂・普瑞佛伊，海蒂・瑞波，伊莎朵兒・羅森菲爾德，馬克・羅斯，羅伯・薩斯，李察・泰特，「狂野蜂窩咖啡」（Wild Hive Café）的唐恩、艾美，以及瑪麗・悟利。

我的繆斯女神、顧問，我人生的建築師、孩子的母親，充滿見地的首位讀者、摯友，也就是我的妻子伊莉莎白，值得我獻上最深的感謝……為了她給我一個我一直夢想擁有的家，也為了她給我的最堅定不移的愛。

附錄一：問題討論

本書頗為激勵人心，它講的是一個男人努力去做對的事，因此成就人生中非凡一年的故事。以下問題，是為加強讀者的讀書小組討論而設計。

1. 作者為何著手從事這「一年計畫」？藉由把未竟的人生功課做個總整理，他希望達成什麼？

2. 作者列出好幾個理由，解釋他為何讓重要的事在不知不覺中悄然擱置：時間不夠、力氣不夠、他有拖延的惡習、害怕做對的事。你呢？累積自己未竟的人生功課，是基於哪些原因？

3. 作者寫說，他的家庭是他未竟之業「最親密、卻也觸動最多焦慮」的根源。你認為這適用於多數人嗎？你自己也如此嗎？

4.作者以十趟旅行，來讓圈圈圓滿、關係修補。這些旅行中，哪一個引起你最大共鳴？是還清欠債、尋訪老友、還是向恩師致謝？

5.若給你一年時間，讓你處理情感上的未竟之業，你計畫如何使用這一年？你「未竟的人生功課」，頭幾項會是什麼？

6.夏希德認為，把人生未竟的功課做個了結，極其要緊，因為「在我們死前，一定得正視這些事，如此靈魂才能安息」。阿卡莫則說，這「非關靜止安息，而是關於向前行，關於把我們身為人的潛能，做最大效能的發揮」。你認為，誰說的才對？

7.想想那些你很在乎、卻已經過世的人，是否其中有任何人，死前根本不知道他對你意義重大？若你再有一次機會，和他們面對面敞開胸懷，你會怎麼對他們說？

8.作者說，他想過一個「比較有連結的生活」，此話意義何在？請你從一到十，給自己的生活打分數，就與人連結而言，你的豐富度是多是少？

9. 賈維斯如此挑戰他的學生：「死後，你希望別人怎麼說你？你對這問題的答案，指引你活著時候的方向。」你自己死後，希望別人怎麼說你？

10. 這本書給你的人生，提供了任何有用的觀點嗎？哪個想法是你可能借用或實際套用的？你會採取什麼行動，讓自己不致累積「未竟的人生功課」？

附錄二：讀者迴響

本書出版之後幾個月，成千上萬名讀者透過各種方式聯絡我：在我網站留言、利用電台叩應，或趁我巡迴打書時，告訴我關於他們自己人生的未竟功課。現在本書平裝本問世，我收錄了其中一些最具啟發、最激勵的故事，希望您能繼續分享您的經歷、挑戰，以及您與我、其他讀者一起學到的，請您上傳到這個網址：www.myunfinishedbusiness.com。

回響1：要沈或不沈，確實是個難題

西薩原本是加州洛思加圖斯市（Los Gatos）的房仲業者，他生意垮了，房子也沒了，藉著重新檢視人生，他企圖從創傷中站起。「當你失去一切，你真的得往下、往深處挖，不斷問自己：過去的我是誰？現在的我是誰？未來我要往哪裡去？」

我在國家公共廣播電台（National Public Radio, NPR）《國家講壇》（*Talk of the Nation*）節目中接受訪問時，西薩叩應進來說。

當西薩的世界解體，他大可以選擇往痛苦裡浮沈。然而，他開始盤點自己的人生，發現「我所成為的樣子，讓我很不開心，於是我從靈性層面開始尋求改變，決定退回去，向一些人坦白：『我很抱歉』、『我愛你』、『讓我們再次當朋友吧，把斷掉的地方再接回去』。」西薩藉由主動伸手、和人連結，強化了自己與重要他人的關係、支持性網絡，也強化了他的自信。

回響2：「我想，他很期待見你！」

傑夫已經快八年沒和老爸說話了。（「我爸是個酒鬼。」他解釋。「他沒來參加我的婚禮。」）不過，傑夫的心開始變軟。「我從媽媽那裡得知，原來爸爸的腎臟明顯出問題，可能也有肝炎。我對他並沒有那麼忿恨，只是他不是很想和我有所牽連，這讓我覺得很受傷、很困惑。他大概有很多恐懼，而我則有很多傷痕，和他重新連結的最好方法……我想，他應該很期待看到他的孫女吧！」

回響3：「有人跟我說，我配不上他。」

「三十九年前，我的未婚夫意外溺斃。原本我和他家人的關係非常親密，尤其是他媽媽。」H. C.這麼寫著。「牧師建議他們去度個假，出發前他們竟然沒通知我，我感覺很奇怪。我被告知，他們不想再見到我，不管在教會或他家，我的出現對他們來講，都帶來太大的痛苦。還有人跟我說，我不夠好，配不上他們的寶貝兒子，所以上帝才要將他帶走。我一點也不想讓他們難過，於是默默搬離，沒有事先告知，從此也未再聯繫。

「五十八歲時，我回鄉參加同學會。」H. C.繼續說。「我決定打聽他們的下落，知道我未婚夫的媽媽住在療養中心，我鼓足勇氣去探望她，她立刻回報以擁抱、淚水，說她根本不曾叫我滾開！這麼多年過去，她的愛、溫柔良善，以及對我的接納，撫平好多舊傷痕！」

回響4：生日快樂

「我和高中死黨失聯已久。」艾西雷希寫道。「以前，我們總是在彼此生日當天，互道：生日快樂！今年我剛好滿五十歲，於是我拿起話筒打給她，也祝她生日快樂。聽到她的聲音，我真是開心極了，我們哭了一下下，然後從那時到現在，未曾停止聯繫。」

回響5：生日快樂續集

西恩的樂師老爸，住在三千英里之遙的新罕布夏州，他們父子已經好幾年沒聯絡。最近，西恩得知老爸最愛的那家俱樂部即將被拆，「我已經訂了機票，要從舊金山飛往樸資茅斯。」西恩告訴我和國家公共廣播電台的聽眾。「我要出席他在那家俱樂部的最後一場演奏，非常湊巧，那天剛好是他的生日！我想幫他錄影下來，留作紀念。」

回響6：永不嫌遲的療癒力

喬依絲寫道：「我念小學二年級時，我們音樂老師和癌症奮戰很長一段時間，不幸過世。她的女兒瑪麗和我同班，大人跟我們講，不要去想或談論這件事，也不必為瑪麗感到難過，好讓她趕快跟上學校課業。」

幾年後，喬依絲在一個同學會網址看到瑪麗的名字，「我立刻聯絡她，告訴她我們好愛她的媽媽，也為她媽媽不在人世，難過了好些年。瑪麗回信道謝，說她並不知道當年有此『禁令』，她一直以為沒人在乎。但我們確實在乎！四十多年後，真相終於大白，如今，瑪麗和我的友誼讓我感覺自己有些汗顏，除了永不嫌遲的療癒力。」

回響7：儘管去做！

霍華．史考索普是退休的工程部經理，他和東尼叔叔失聯好些年。其實，東尼叔叔和他並無血緣關係，只是在他小時候，經常陪他和兩個姊姊玩捉迷藏，角色有點像替代性父親。「後來，某些事情導致關係生變，是大人間的事，但沒跟小孩子講。我們繼續過我們的生活，長大後各自上大學、結婚生子等等，和東尼叔叔完全沒聯絡。」

有好些年，霍華不斷想起東尼叔叔。某天傍晚，他和妻子開車行經布魯克林─皇后區快速公路，「東尼叔叔過得好不好？」這念頭突然變得非常強烈。「想了一下，我們大概只需一、兩小時就能找出答案，於是我們從布魯克林區電話簿找出他的名字，打電話過去，是他妹妹接的，說他已經病重。我們開過好幾條街，來到他在布魯克林區的住所，他有嚴重的血液問題，導致一條腿壞了。看到我們來，他好高興！當年的小男孩如今已經長這麼大，而且還成了家，似乎令他特別寬慰，他顯然非常開心。」

兩個禮拜後，東尼叔叔去世。「當初只要我有一丁點遲疑，就會脫口說出：『算了吧，畢竟事過境遷，失聯這麼久，要重新建立關係為時已晚。要找理由拖延探訪，或去了他剛好不在，於是你就此放棄，實在很容易，但這對我會是多麼大的損失！經由這件事，我學到什麼功課？就是『儘管去做！』」

回響8：手足重聚

「七年前，我和妹妹大吵一架。」瑞莎在信裡寫道。「我們對彼此惡言相向，她說永遠不想再看到我。之後，媽媽過世，連續好幾晚，我哭得很傷心。我的心很痛，因為妹妹是我唯一的手足，我卻無法和她說上話。

「幾個月前，我終於壯起膽子打電話給她。我想，最壞的情況不過就是她掛我電話，不過她沒有！通話時她告訴我，媽媽去世時，她實在非常想跟我說說心裡話，但她不敢。那個晚上，我們講了好幾小時的電話。

「上個月，我和丈夫飛去佛羅里達州看她。那次重聚真是美好！以前我們對彼此的惡言，一筆勾消，全部忘光光。我們相互擁抱，然後哭泣，再擁抱。如今我們已經一個多月沒見，但每晚互通電話，我實在等不及要到一月才能再見她。我很開心，當初自己有勇氣打電話給她。人生苦短，我們實在不必用言語或行為來相互傷害。」

回響9：命運把我們推開

莫漢娜．納拉亞那寫道：「我是個『三明治小孩』，夾在姊姊、妹妹之間出生，有很典型的『中間子女症候群』（middle-child syndrome）：總是扮演和事老、調停者，永遠在努力趕上姊姊，也常和妹妹爭奪爸媽的注意力，亟想出人頭地。」

「人生充滿妥協。有段時間，我為了躲避這種劇烈的人格衝突，刻意和家人保持距離，因為爸媽到底站在誰那邊，小孩都看得一清二楚。稍後，我們三姊妹各自結婚，不知怎地，長久以來姊姊對我的怨懟，突然爆發，有可能是因為我的事業很成功，而她則否。如今回想起來，離家自立，讓我有機會磨練生存技巧，我真得謝謝姊姊呢！

「命運把我們彼此越推越開，隨著時光流逝，我們的失聯越來越嚴重，懸而未決的衝突也越發加深。

「我成為諮商師，這為我開啟許多條路，我的內在呈現大躍進式的成長。去年，為了讓諸多議題達到『情緒上的停戰』，我去拜訪姊姊。我沒給什麼冠冕堂皇的理由，只是打個電話，說我想去看她。不知道她有沒有嚇一大跳，若有，她也沒表現出來，總之，我們四年來的初次見面，顯得很僵，但我還是感覺溫暖。我沒特別提起什麼……事實上也沒有什麼需要特別提起。臨走前我說，很開心再次聯絡上，她似乎眼泛淚光。

「半年後，我家財務突然陷入困境。丈夫失去工作，過去五年來，我幾乎隻身扛起家計，如今這重擔實在超乎我所能負荷。我聯絡姊姊，寫信給她說我需要幫忙，沒說是哪一類幫忙，只說我好累！她沒有回信，而是直接拿起電話打給我，她說：『先坐穩，我在這兒，我們一起解決問題，別擔心！』

「後來事情怎麼發展，實屬次要。她和她家人如何努力幫我們忙，也需要另一封信才寫得完。但之前那次接觸，和她現在以救星之姿現身，沒太大關聯，最重要的是她主動打的那通電話，堅固了我們的情誼。

「我沒有重提舊事，其實也沒什麼舊事不能放手。但我深知，那次去拜訪姊姊，是我最開心完成的未竟之業！」

回響10：「我得讓她知道，我愛她！」

「我六歲時，媽媽過世。十三、四歲時，爸爸再婚。我是很典型的繼子：不成熟，愛搞怪，自我中心，反正是個混帳就對了，從沒把繼母看在眼裡。」這位自稱「情感狂飆分子」的老弟，後來突然轉性。「為了早點離家，我十七歲便加入海軍。隨著年紀漸長，也可能是受海軍調教影響，我覺悟到繼母實在是個賢淑的女人。我深感慶幸的一件事，是她過世前，我常去看她，向她表白我很珍惜和她相處的時光，我把握機會告訴她：我愛她。感謝神成就此事！」

回響11：「我們得找到方法，讓所愛之人有家可歸」

「在我家，我有個哥哥，他大半輩子都在嗑藥。」唐恩娜寫道。「我爸媽的婚姻因此不保，我自己也離了婚，帶著一個女兒。為了我和孩子的人身安全，我們搬離開家，這樣哥哥就不會有機會和我女兒單獨相處。

「某年感恩節，我想，應該來個家族團聚。結果，我錯了！哥哥又開始嗑藥，並且對我們暴力相向，感恩節的晚餐全毀，我發誓這輩子再也不要看到他。後來他入監服刑一年，我看到爸媽承受了極大壓力。

「哥哥出獄後，看起來精神不錯，我邀他來家裡坐坐，但我保持警覺。我決定原諒他，大家好繼續過日子。為了家人，我一定得這麼做！這決定讓我非常慶幸，因為那年聖誕節，我們兄妹倆有史以來促膝長談如此之久，而且彼此和好。兩個月後，他死於嗑藥過量。他走的時候，知道我非常在乎他！」

回響12：「一次一小步」

「我曾經酗酒、嗑藥多年，後來決定接受『十二步計畫』戒除。」札莫米寫道。「至今已經十九年、十個月、又二十八天，我沒喝半滴酒、沒嗑半點藥。

「我從小處做起，以『先生』稱呼一名汽車經銷商，雖然他一直說，叫他派特就好。過去我傷害了太多人，如今對人表示禮貌、敬意，不僅他們值得如此，也是我的榮幸。我接著做較大的事，像歸還『借來』卻未曾奉還的物品、金錢。哥哥曾一次借我三千美元，我沒還他，此帳早在我心中形成芥蒂。戒酒戒毒滿十三年後，我終於把錢還給哥哥，芥蒂消失了！

「翻閱老相簿時，我看到前夫和他家人的照片，趁著探訪他，我把相片帶過去。當年距今已經三十年，我還寫了張卡片，祝福他一切都好！目前我正在尋找前男友，希望澄清一個過錯，卸下負擔，這樣我才能得到真自由。」

回響13：「叫我『凍未條』」

「我一直不知道，為時十六年的家暴，對我人生、人際關係的衝擊如此深切，即使我已離開那段婚姻。」春雪寫道。

「拖延未處理的『創傷後壓力症候群』（Post-traumatic Stress Disorder, PTSD），事後一年比一年惡化，我才了解，這些年來的自我防衛和恐懼，傷及周遭許多人。於是我致電前同事、老闆、親朋好友，為我所造成的痛苦一一道歉，並說明我的困境。當我談及『創傷後壓力症候群』，幾乎全部人立即了然於胸，其中多數善解人意，並且寬宏大量；但也有人怒氣未消，我決定先把他們放到禱告名單上。但截至目前，最令我感到沈痛的是一位前同事，她剛被診斷出癌症已到末期，她同意，以前的我真是讓人『凍未條』。及時聯絡到她，並平息以前造成的傷害，讓我更謙卑。」

回響14：「慈悲的重要」

鄔瑪．葛瑞許寫道：「最深、最棒的友誼，經常也觸發最糟糕的情緒反應。我有個姊妹淘（先姑且稱她為南恩），每次遇到重大情緒危機或需要跟人哭訴時，第一個找的總是我。不過天下太平時，我壓根被她拋在腦後，至少我是這麼覺得。我們是一牆之隔的鄰居，關係起伏一直持續如此，我和她討論過，她表示會改，我也表示會原諒，但是等到友誼重拾，同樣的戲碼總重複上演。直到有一次，我實在受不了了，於是毅然決然斬斷姊妹淘情誼，不再打電話給她。我不想再和她有任何瓜葛。

「然後，人生出現個大轉彎。我們原本一直住在印度，但丈夫、我決定帶女兒搬回芝加哥。我沒有致電南恩，也沒有告訴她這件事，反正她已經被摒除在我的生活圈之外。搬家前幾天，南恩和我在街上不期而遇，我走街的這一邊，她走另一邊，彼此假裝沒看到。回到家後，我對剛剛的場面感覺很糟，於是拿起電話打過去，告訴南恩我們就要搬家了，她卻只說：祝妳好運，有個好時光。接著，就把電話掛了。

「搬完家一個月，我母親被診斷出罹患乳癌第四期，八個月後過世。這在我心裡留下一個巨大空洞，以及無數對存在性焦慮的問號。我恍然大悟：人生何其珍貴！我們需懷抱憐憫、恩慈和愛，來完成這趟旅程，這會是我們最後所留下的。我寫了一封很長的電子郵件給南恩，坦承我在整個事件的責任，並且道歉。她回信說，她確實對我非常生氣，我的置之不理也讓她很憤慨。我則以寬大、仁慈的字句回覆，然後我們重拾友誼。

「今年暑假，我重回印度，特地去看南恩。原本我們計畫要敘敘舊、一道用餐，但很不巧，後來我們只有一小時的見面時間。爸爸在我去度假的八月過世。但我很慶幸，我和南恩有那麼一小時，可以釐清曾經讓我們友誼如此親密的脈絡，並承諾一切重新來過。這回，我們要當一輩子的姊妹淘。」

回響15：「我感覺，這真是場悲劇！」

凱蒂是愛荷華市的一名樂手。她在灌製一張專輯，發現資金不足時，她拜託親友先預購，「接著我又發現，當初激勵我製作專輯的一大動力不見了，我可能無法把專輯完成。於是我想作罷，但沒有讓預購的人知道我半途而廢，他們也拿不到專輯。我感覺，這真是場悲劇！」

凱蒂叩應到《國家講壇》電台節目分享上述故事時，她已經完成另一張專輯。「我要一一追蹤、致電名單上那些預購親友，寄這張專輯給他們。」她說。「這張的曲風不一樣，不過呢，創作靈感是一樣的，希望他們能夠諒解。」

回響16：「往上，往上飄！」

部分讀者在試圖修補關係時，注意到有些對象因為太羸弱，無法理解他們的心意。一名署名「康復中的酒徒兼毒癮者」，因此獨創一個很有力、很感人的招式，來向他罹患阿茲海默氏症的父親致意。「我無法直接和他修好。」他寫道。「於是我寫了封信，為過去的不良素行和所造成的傷害，向他致歉。我計畫在父親節當天，把信綁在氣球上，讓它升空，對父親表示敬意。」

回響17：「有時，按兵不動才是上上策」

當然，有些裂痕可能還是不要去補比較好。一名自稱「困擾哥」的六十三歲讀者來信，說他十九歲時，曾經冤枉當時的初戀小女友，幾年後，他寫了封文情並茂的致歉信，用掛號寄給她。「是她丈夫簽收的。」困擾哥說。「我不知道她到底有沒有讀，現在我的健康每下愈況，實在很希望在死前，讓她明瞭我的歉意。我該怎麼辦？」

我建議他：順其自然。「向她致歉的目的，是希望給她生活帶來一股平安。但若你再次聯絡她，可能會為她婚姻增添疑慮、緊張，剛好和你試圖修補的動機背道而馳。我猜，她真的知道你很抱歉；不過更重要的是，你自己知道，這應該可以讓你的心志、良知，都感到舒坦。」

回響18：「靈性負擔大減」

海克林分享以下這則故事：「大約二十年前，我在一家教會服事，教會發生一場巨大的風暴，引發的情感反彈幾乎把教會給毀了，我個人尤其受傷。一位度量狹小、報復心強的長輩壞了我的前程，有好幾年，我對他的所作所為心懷怨恨，也對他的同儕、同事非常不諒解，因為他們幫忙維護謊言，沒讓他承擔起該負的責任。

「我求助無門。雖然最後，對於他的指控，我被證明是清白的，然而為時已晚，他也從沒表示歉意。儘管媽媽一直勉勵我，我還是無法原諒他，直到某天，我感覺自己可以面對、也知道該如何面對。隔週，我去他的教會參加復活節崇拜，崇拜結束後，他在門口向我致意，表現得好像他很高興看到我。

「當他向我伸出手，我塞給他一個信封，裡面是一張卡片，寫著：現在我已經可以原諒你，並且祝福你一切都好。我的手滑開，靈性負擔頓時解除。他沒跟我聯絡，因此我無從得知他的反應，或他到底有沒有拆開看信。不過這不要緊，因為這原諒是為了我，不是為了他。」

回響19：「我感覺像中了大樂透！」

應讀者要求，在這封談及個人懷孕及兒子疾病的高度私密信中，我把當事人名字都改過了。

「『一千！』

「『一千美元？』席德問。這金額吸引我先生的全部注意力。

「『她在我們孤立無援時，伸出援手。』我說。『沒她幫忙，我還真不知自己能否辦到。』

「我先生沒接話，但是他看我的眼神，帶著痛苦的回憶。」

「席德和我才認識幾個月，我們的生活被轟趴、朋友填滿。然後，事情突然變得不一樣，我懷孕了！

「家人不斷催促，於是我們到市政廳公證結婚，我穿了件黑色孕婦裝，現場沒其他見證人，出席的『太平紳士』（justice of the peace）很有禮貌，沒把目光往下移到我隆起的腹部。當晚，席德和我開車進城去慶祝新婚，停好車走向餐館途中，我開始陣痛。

「我生命的摯愛史蒂芬，出生時是個健康又漂亮的寶寶。然而幾個月後，他的皮膚，從頭到腳，呈現一種發炎式的紅色。我帶他上超市，陌生人會一直盯著他看，媽媽們會立刻把孩子拉走，好像擔心染上我兒子的『病』。

「醫生說，他們沒看過這麼嚴重的溼疹病例。史蒂芬不斷地和不知名過敏原抗戰，他的感染一個接一個，也一次又一次地發燒。醫生開的藥，對於緩和痛苦一點幫助也沒有，我深感無助。兒子在受苦，做媽的卻無能為力。

「席德和我幾乎耗盡所有積蓄和信用額度，帶著史蒂芬往別的城市求診。我們窩在便宜旅館，他晚上徹夜不眠地哭，我們得輪班抱他、哄他。白天，當護士再次往他小小的腿上抽取血液樣本，我也得抱住他、安撫他。在此同時，債主剛好來電催討，當天我身上所有的錢，只夠買一個藍莓鬆餅。晚餐我要設法吃得足夠，才有母奶餵我的寶貝。

「爸媽不看好這段婚姻，因此我和他們的關係很糟；加上朋友們各忙各的生活，丈夫處理壓力的方法，就是在辦公室待得越來越晚，我沒有任何人、任何人可以幫忙，除了珍妮。

「當好友約翰得知我懷孕，他問他姊姊珍妮，有沒有可能把她的小公寓租給我們。珍妮正好要搬進她爸媽家，得知有個『負責任』的人，可以住進她和孩子們共同生活的第一個家，她很開心。她不是很有錢，但她沒開出很高的租金，只要能幫她打平房貸就好。

「珍妮時常來電，問我狀況好不好。我會告訴她，因為缺乏睡眠，我的頭很暈；開車時，經常會和前車擦撞，我很害怕。她都仔細聽，然後幫我解決。她建議我，晚上讓史蒂芬睡到我床上，這樣我可以省下一直跑到他房裡察看的精力，睡眠品質會跟著提升。我和珍妮其實不熟，但她卻是我的頭號救兵，我的『生命線』，電話那頭的另一個媽媽，可以真切感覺我這個媽媽的憂慮和痛苦。

「慢慢地，我們的財務狀況越來越糟。某天，我拿起電話打給珍妮：『妳可能把房租降一點嗎？』提出這種要求，我真的很汗顏，尤其是我的租金只夠她付房貸。

「珍妮沒說話，但只沈默一下下：『一個月降一百美元，好嗎？這樣會有幫助嗎？』

「我知道，一個月短少一百美元，對她來說實在是個犧牲。『實在是很多謝……』我話還沒說完，她已經接話：『史蒂芬今天還好嗎？』」

「席德和我看向我們家的凸窗外，十七歲的史蒂芬和死黨正在房子後院踢足球。看著他盤球、越過好友葛瑞格，進球得分，你實在很難想像，他在生命的前幾年吃了那麼多苦！

「四歲那年，在所有藥都吃盡、醫院看盡，還一度與死神擦肩而過後，我們終於發現，史蒂芬是對乳膠（latex）過敏。醫學機構開始明白，對院內乳膠手套過敏，是造成一些護士死於『過敏性休克』的主因。無人知曉，史蒂芬尿布上、甚至他黃色襯衫翻邊上的乳膠鬆緊圈，竟然是他身體的詛咒！當我們把乳膠從史蒂芬生活中移除，他就痊癒了，長得頭好壯壯。

「席德再次看向窗外，然後回過頭看著我：『好吧，我們寄一千美元給她！』

「我在賀卡店逛了一小時，實在沒有任何一張，上頭文字可以如實傳遞我內心的感激。最後我找到一張還算滿意的，上頭是一張黑白照片，一朵鬱金香孤零零地長在田野間，意象簡單，卻很強烈。我在裡頭夾了張一千美元支票。

「後來我聽約翰說，珍妮把這筆錢，拿去與朋友到巴哈馬群島度假。她跟約翰說，她感覺自己好像中了大樂透。

「每當我看到我那帥氣又健康的孩子，我也有那種中了大樂透的感覺。」

回響20：「一名年輕男子的父親節領悟」

過去幾個月來，我很高興收到很多二、三十歲讀者寫來的電子郵件。我花一年時間嘗試做對的事，對他們而言頗具啟發性，指引他們在家庭、事業面臨兩難時，必須權衡輕重。

「三個月前發生某些事，我覺悟：人生有比接電話、回電郵，電話徵才、掛心團隊表現更重要的事。我徹夜未眠一直在想：這是我要的人生嗎？」

寫這封信的年輕人，自我介紹是某知名大學泳隊的助理教練，同時也是個新手爸爸，他已經忙到沒時間出席兒子人生的重要事件，為此極為懊惱：「我兒子生平首次達陣、得分，會不會我是從電話裡頭聽到的？」

這位男士為什麼如此急著寫信給我？

父親節前的某個週六，他正離家、離兒子兩千英里，出席一場泳賽，趁空檔到書店找我這本書。瀏覽時，他剛好看到我引述馬可福音十三章三十三節：「你們要謹慎，儆醒祈禱，因為你們不曉得那日期幾時到來。」

這章節中的「那日期」，通常被解讀為意指死亡。但這位年輕人認為，「那日期」指的是讓自己更稱職、更投入父親角色的工作。他解釋，自己須保持儆醒，因為「當對的時機到來」，機會將自動上門。

我很感動，回信給他：「為了在高度競爭的層次做好運動員、教練一職，你長期打拚，難怪你在擁抱父親這個吃力要角時，會開始質疑事業是否走在正路上。但令人欽佩的是，你已經認知工作、家庭必須取得平衡的重要。」

這位很有想法的年輕人，似乎遙遙領先我，及和我分享其未竟之業的廣大中產階級讀者。不管他最後選擇為何——繼續應聘在知名大學或高中當教練，或是另闢蹊徑，追求一個完全不同的人生——他都會在家庭、信仰、工作間，創造出和諧的交融。我祝福他有個最快樂的人生，免於懊悔，進而免於未竟之業。

我很感激下列媒體鼓勵其讀者、聽眾、網友，與我分享他們未竟的人生功課：《讀者文摘》、《今日心理學》（*Psychology Today*）、《美國週末》（*USA Weekend*）、國家公共廣播電台的《國家講壇》，以及美國退休協會AARP.org網站。

附錄三：實用指南

我不認為自己是什麼「自助專家」。我只是個工作狂，經由向他人伸出手、修補關係，提升了自己的人生。此章收錄一些對我最有助益的技巧，獻給渴望處理他們人生未竟功課的讀者，希望對大家有幫助。

起步

處理未竟的人生功課，必須分成五個步驟，分別是：

第一步：盤點你的功課
第二步：面對恐懼
第三步：跨出去
第四步：修補關係
第五步：反省及成長

在整個過程裡，這五個步驟，每一個都不能省。你必須先面對自己的恐懼，才能跨出去，接觸那些曾被你冤枉或無理對待的人。你必須先跨出去接觸他們，才能修補關係。

經由反省學到的功課，足以幫助你精鍊良知，然後你才會有發乎內心的承諾，把深切持守的想法付諸行動。

我強烈建議你，把這段經驗以日記的方式記錄下來，利用它來探索你的恐懼、繪製你的旅程、保存你的所學。隨著被你清理掉的功課越多，值得大肆慶祝的意外收穫也越多。務必把你的故事分享出去，透過分享成功和掙扎，我們才能幫助自己和彼此，過著更完全、更慈悲的人生。

第一步：盤點你的功課

下列問題能幫助你，指認你自己未竟的人生功課。

1. 十個大哉問

- 仔細想想你所有的人際關係：朋友、親戚、勁敵、老師、教練、牧師、（猶太）拉比、精神導師、前團隊成員和同班同學、同事、老闆、前夫前妻、女友男友、暗戀對象。上述這些關係，有令你特別感到緊張或懸而未決的嗎？
- 你與某個曾經對你重要無比的人失聯已久嗎？想和他敘敘舊嗎？
- 你曾經無法原諒某人嗎？

- 有人曾經是你心裡的痛或粉碎你的夢想嗎？你曾暗自希望這人不管做什麼事都失敗、出門被車撞、不得好死嗎？
- 有沒有誰是你特別擔心或想念，而你已經多年沒見到他了？
- 什麼事或什麼人讓你自覺被瞧不起、誤會、冤枉，你的付出不被當一回事，或你自覺被當成隱形人？
- 你曾因細故或重大緣故冤枉什麼人，而他已不在人世，你已無法修補裂痕了？
- 有沒有什麼人已經過世，再也無從得知他對你的意義非常重大？
- 有沒有什麼事是你該做卻一直拖延未做，只因它好像很困難、很耗時，你覺得自己大概力有未逮？
- 有沒有什麼事是你正在做或沒在做，但卻和你的核心價值背道而馳，讓你變得不是你自己？

2. 二十個常犯過錯

（若適用於你，請在□內做個記號，並填好空白處）

□我曾經很不應該地佔人便宜，這人是＿＿＿＿

□我曾經瞧不起＿＿＿＿

□我曾經出言侮辱______

□我曾經出賣______

□我曾在______背後，捅他一刀

□我曾經懷恨______

□我曾經讓______難堪

□我曾經羞辱______

□我曾經散播關於______的不實謠言

□我曾經破壞______的計畫，害他無法達成目標

□我曾經在______有需要時，棄他於不顧

□我曾經失信於______

□我曾經對______說謊

□我偷過______的東西

□我曾經霸凌______

□我曾經對______很無禮、不夠仁慈

□我曾經以不當手段，欺騙______

□我曾經辜負＿＿＿＿，導致他對我失望

□我曾經藐視＿＿＿＿

□我對＿＿＿＿講過很刺耳、嚴苛的話

3. 十個常見疏忽

（請檢視以下項目，哪個最讓你揪心？然後明確寫下是對誰、關於何事，以及為什麼，在□內做記號）

我沒有做到……

□信守承諾

□償還欠款、人情

□表達愛意或感激之情

□出席朋友婚禮

□出席親戚喪禮

□幫助有需要的朋友

□為某個蒙受不白之冤者挺身而出

□報答恩情

□回覆重要電話或電子郵件

□保持聯絡

4.七個常見的「我實在應該」

- 我實在應該當個更好的＿＿（兒子、女兒、丈夫、妻子、父親、母親、伴侶、朋友）
- 我實在應該讓＿＿知道，他對我意義重大
- 我實在應該對＿＿信守承諾
- 我實在應該多聽＿＿的話
- 當＿＿需要我時，我實在應該在場
- 我實在應該少點＿＿（傲慢、輕蔑、貪心、自私自利、以牙還牙）
- 我實在應該多點＿＿（慷慨、給予、關心、謙卑、鼓舞、諒解的心腸）

第二步：面對恐懼

下面這份表格可以幫助你指認，在你未竟的人生功課裡，哪些是最根深柢固的恐懼。

我害怕……

□傷害某人的情感

□失去金錢

□出糗

□受傷

□沒達成某人的期待

□成功

□失敗

□太固著

□壞了自己名聲

□不被喜愛

我害怕……

□時間不夠、精力不夠

□得知真相

□侵犯某人的隱私、時間，或悲傷時刻

□掀開痛苦的記憶

□做出不敏感、不恰當的錯事
□被認為很軟弱
□成為別人悲慘的負擔
□被遺忘
□被認為自私自利
□面對全新或不舒服的處境
□被公認為失敗者、騙子

我害怕……
□冒險
□現況遭破壞
□讓某人失望
□失去優勢
□看起來很笨、很蠢、很平凡
□害人家傷心、沮喪

□喚醒我陳年或不恰當的慾望

□和某人當面對質

□失去某個、某件我很重視的人或事

□未能守住承諾或發揮實力

□壞事發生到我或我所愛的人身上

第三步：跨出去

現今要追蹤某人、與他敘舊，實在比以前容易許多。靠搜尋引擎和社群網站幫忙，你可以從天涯海角，把任何一個你想找的人挖出來。只要你上網搜尋一下，一個老友會引領你找到另一個老友，很快地，你就可以把大家的生活拼湊起來。通常，大家會很開心、很想收到你的訊息，不過呢，向人伸出友誼之手還是要注意基本禮節，也要尊重他們的隱私、目前的生活狀況以及時間。

以下是一些可能有幫助的管道：

臉書（www.facebook.com）是一個社交網站，把使用者和朋友，曾經一起工作、求學以及周遭共同生活的人網羅起來。你可以在臉書尋找遠親、老友、失聯許久的朋友。

LinkedIn（www.linkedin.com）

這也是個社交網站，但比較商業導向。你可以用它來找尋大學同窗和老友。

Google、Yahoo、Bing

這些都是人氣頗高的搜尋引擎，只要搜尋得當，他們會幫你找到親友小傳、電話號碼、甚至住址。

Classmates.com

上頭登記有超過四千萬名會員、二十萬個協會，你可以在裡頭搜尋高中同窗或老友。不過請注意，加入會員需要付費。此外，你也可能在就讀過的高中、大學網站，找到之前的同學和老友。

Genealogy.com

你可以在這個網站，找到並保存你獨特的家族故事。

Ancestry.com

在這個全球最大的家族史網站，你可以找到先祖。你也可以開始畫家譜、瀏覽人口普查資料等等。

TheRememberingSite.org

裡頭有四十四個類別、超過一千個問題，幫你回憶過去、譜寫你自己以及家族故事，然後和別人分享。這個網站需要付一次註冊費。

第四步：修補關係

修補關係要四個步驟，分別是：

1.為自己過去的所作所為負起責任。

2.向你曾經傷害或冒犯的人致歉。

3.曾經犯的錯，你要嘗試挽回。

4.承諾你永遠不會重複那些冒犯人、傷害人的行為。

修補關係，目的不是要懺悔罪過、將所知和盤托出，或讓被傷害者知道你的痛苦。修補關係的重點，是讓被傷害者的痛苦得到撫平。

誠意，就是一切。

「我很抱歉。」「我錯了。」「謝謝你。」唯有發乎內心，不期待任何回報、包括對方的原諒，這些字句才有真價值。

修補的目的，在於給關係重新注入一種平衡感和相互敬重。

這也意味著：多聽、少說，設身處地為他人著想；意味著有些時候，真的在有些時候，就順其自然，別招惹麻煩。

在本書後記，我曾討論修補關係在多數宗教傳統及戒癮計畫裡，扮演核心要角。由於它涉及痛苦的回憶與強烈的情感，修補關係的過程可能變得極為複雜。若你發現自己深陷其中，不知該怎麼辦，可以向信賴的朋友、治療師，或教會神職人員求助。

第五步：反省及成長

一旦你開始著手處理未竟的人生功課，你會發現，自己越來越能與你的恐懼、渴望共處，越來越能順應那些字句、聲音、景象、行為。這些都在激勵、觸發你，更容易與別人同在。

每個嶄新經驗，都是你自我反省及成長的機會。然而，你似乎每天得日理萬機，哪裡騰得出時間呢？

你就是騰得出時間！

　　我試著每天至少花十五分鐘，在日記寫下我清理未竟功課的進程，特別著眼於我當天的感受和所學。你花在書寫、反省自己經驗的時間，將幫助你成為一個更有覺知、慈悲、更能與他人連結的人。

國家圖書館出版品預行編目資料

失業不是壞事／里・克拉維茲（Lee Kravitz）作.
–初版. –台北市：大塊文化, 2012.05
面；公分. –（smile；105）
譯自：Unfinished Business: One Man's Extraordinary
Year of Trying to Do the Right Things
ISBN 978-986-213-332-3（平裝）

1. 克拉維茲（Kravitz, Lee）2.傳記 3.生活指導 4.中年危機

785.28　　　　101006610

LOCUS

LOCUS

LOCUS

LOCUS